# DAS
# GROSSE
# BUCH
# VOM GELD

ULI RÖHM

# DAS GROSSE BUCH VOM GELD

»ALS ICH JUNG WAR, GLAUBTE ICH, GELD SEI DAS WICHTIGSTE IM LEBEN. JETZT, WO ICH ALT BIN, WEISS ICH, DASS ES DAS WICHTIGSTE IST.«

Oscar Wilde (1854–1900)

EDITION BRAUS

Keine Festung ist so stark, dass Geld sie nicht einnehmen kann.
(Sprichwort)

Wer kein Geld in der Tasche hat, soll nicht nach dem Preis einer Ware fragen.
(Jüdisches Sprichwort)

006

Nicht jeder, der viel Geld verdient, müht sich sehr, und nicht jeder, der sich sehr müht, verdient viel Geld.
(Chinesisches Sprichwort)

# Vorwort

Mit dem Thema Geld habe ich mich fast ein ganzes Journalistenleben lang beschäftigt, Bücher geschrieben und als Wirtschaftsredakteur bei WISO Fernsehfilme für das ZDF gedreht. Schnell habe ich festgestellt, Geld und Religion haben eine ganze Menge Gemeinsamkeiten. Erst der kollektive Glaube an seinen Wert verleiht Geld seinen Status. Ohne diesen Glauben wäre ein Geldschein nur ein Stück bedrucktes buntes Papier. Der Wert des Geldes ist eine Glaubensfrage. Und Glaube und Vertrauen zählen zum Kerngeschäft der Kirchen wie auch der Banken.

Auch nach all den Jahren fühle ich noch ein Prickeln, wenn ich durch Sicherheitsschleusen in den Hochsicherheitstrakt komme, wo Geld gedruckt oder Münzen geprägt werden, oder wenn ich sehe, wie die Polizei unter allergrößter Geheimhaltung die grauen, scharf bewachten Geldtransporter mit Blaulicht über die Autobahn eskortiert.

Wie oft wurde das bargeldlose Zeitalter prophezeit. Und das Gegenteil ist eingetreten, denn virtuelles Geld hinterlässt Spuren. Nur echtes Geld garantiert Anonymität. Wissen Sie, wie viel Ehemänner ihre Kreditkartengesellschaft aufsuchen, um einen Besuch im Nachtclub nachträglich bar zu bezahlen, damit er nicht in der Abrechnung auftaucht? Nicht ohne Grund wird der Handel mit Drogen, Giftmüll und Menschen cash abgewickelt. In Istanbul habe ich gesehen, wie Geldscheine in Bündeln übers Schwarze Meer kamen, zusammengehalten mit den Gummiringen von Einmachgläsern. Schwarzgeld aus Russland, Geld aus Waffenlieferungen und dem Krieg im Nahen Osten.

Geld ist weit mehr als die Geschäftsgrundlage für Handel und Kreditbranche. Geld hat viele Gesichter, und viele Aspekte rund ums Geld springen nicht auf den ersten Blick ins Auge. Journalistenkollegen, aber auch Wissenschaftler, Theologen und Sprachforscher, Banker und Schriftsteller haben sie in diesem Buch zusammengetragen, mit hintergründigen Geschichten beleuchten sie die ungewöhnlichen Seiten des Themas Geld. Manchmal mit einem Augenzwinkern, meist aber fasziniert, welche Wirkung Geld in unserer Gesellschaft ausübt. Entstanden ist so ein Streifzug durch die weite Welt des Geldes, bei dem sich auf anschauliche und unterhaltsame Weise viel Neues, aber auch Nützliches entdecken lässt.

„Das große Buch vom Geld" ist kein Fachbuch über die technische Herstellung von Münzen und Geldscheinen und keine wissenschaftliche Abhandlung zur Historie des Geldes, sondern es ist ein Buch, das sich an alle richtet, die täglich direkt und indirekt mit Geld zu tun haben. Und wer zählt dazu nicht?

Ich wünsche mir, dass Sie Spaß daran haben, das Werk von vorn bis hinten durchzublättern. Wenn Sie bei einzelnen Kapiteln hängen bleiben, das Buch Sie zum Nachdenken anregt und sich beim Lesen der berühmte Aha-Effekt einstellt: „Ach, das habe ich bisher auch noch nicht gewusst!", dann ist gelungen, was ich mit dem „Großen Buch vom Geld" erreichen möchte.

Uli Röhm
Herausgeber



Ob man reich wird, hängt vom Schicksal ab, ob man Geld erwirbt, vom Fleiß.
(Japanisches Sprichwort)

Wer alles zweimal überdenkt und sich auf andere verlässt, macht kein Geld.
(Sprichwort)

„Endlich fällt der ______"

„Dafür fehlt mir die ______"

„Mit den paar ______ komme ich auf keinen grünen Zweig!"

„Ein paar ______ locker machen."

„Bis der ______ rollt."



Wer Geld in seinen Taschen hat, hat die in der Tasche, die keines besitzen.
– Leo Tolstoi –

*Im Altertum stellten diese weißen oder hellgelben Kaurimuscheln von den Tongainseln in Polynesien ein Vermögen dar. Schon im alten China dienten sie von 1500 v. Chr. bis 200 n. Chr. als Zahlungsmittel und waren ein Vorläufer des Geldes. Heute sind sie nur noch eine Urlaubserinnerung, ein Touristensouvenir. 100 Kaurimuscheln bekommt man für 5 Euro.*

*Fritz Rudolf Künker / Sebastian Steinbach*

# *Von der Schnecke bis zum Euro*

*Die Geschichte der Münzen von der Antike bis zur Neuzeit*

Naturalistische Bilder auf den ersten Münzen der Menschheitsgeschichte.

Das Maul weit aufgerissen. Die Pranken mit den Krallen nach vorne gestreckt. Das Opfer fest im Blick: Ein Löwe reißt einen Stier. Diese Szene befindet sich auf den ältesten Münzen der Menschheitsgeschichte. König Kroisos von Lydien, der heutigen Westtürkei, ließ sie im 6. Jahrhundert v. Chr. prägen. Zuvor trieben die Menschen Tauschhandel und bezahlten mit verschiedenen Dingen des täglichen Lebens: Schnecken, Fellen, Federn, Getreide und Ringen, aber auch mit Rindern. Aus diesem Zahlungsmittel erschließt sich das lateinische Wort für Geld „pecunia" als Ableitung von „pecus", zu Deutsch: Vieh. Da diese natürlichen Tauschobjekte nicht an jedem Ort den gleichen Wert hatten, benötigte man einen „Wertmesser", der weithin anerkannt und akzeptiert wurde. Diese Ansprüche erfüllten die ersten Münzen. Sie bestanden aus einem außergewöhnlichen und seltenen, gelblich-weißen Metall – Elektron, einer natürlich vorkommenden Legierung aus Gold und Silber. Die Form der Münzen und die Abbildungen darauf waren noch recht grob, es gab jedoch bereits eine Einteilung in verschiedene Wertstufen, die sich am Gewicht orientierte.

Ein Gold-Stater mit der Darstellung eines Pferdes. Die Kelten imitierten griechische Münzbilder.



Geld ist wie ein Aal, den man in der Hand hält.
(Walisisches Sprichwort)

*Zur Zeit Karls des Großen kostete ein Huhn einen halben Denar. Ein Denar, gleichbedeutend mit dem Pfennig, war die Hauptmünze des Karolingerreiches. Das „Luxusgut“ des Mittelalters, ein Pferd, heute vergleichbar mit einem Oberklassewagen, kostete 156 Pfennige.*

Athene, die Eule und der Ölzweig – Symbole der Stadt Athen.

Theudebert I. – der erste Germanenherrscher auf einer Münze.

Griechische Händler verbreiteten die Münzen im 6. Jahrhundert v. Chr. als Zahlungsmittel im Mittelmeerraum von Kleinasien bis Sizilien und Nordafrika. Jeder der hellenischen Stadtstaaten versah die Silbermünzen mit seinem individuellen Erkennungszeichen. In der Regel handelte es sich dabei um die Abbildung einer Gottheit oder deren Symbol. In Metapont widmete man die Münzen Demeter, der Göttin der Fruchtbarkeit der Erde und des Getreides, und prägte sie mit einer Ähre, in Ephesos mit einer Biene für Artemis, die Göttin der Jagd und des Waldes, und auf Knossos mit dem sagenumwobenen Labyrinth des Minotaurus.

Das griechische Münzwesen war bereits hoch entwickelt, als die Römer noch in Vieh- und Salzgeld rechneten. Doch bald schon sorgten römische Legionäre mit ihren Münzen im Gepäck für eine rasche Verbreitung des Münzgeldes in ganz Europa. Zum Ende des Römischen Reiches wurde das Währungssystem durch Kriege, Inflation und Wirtschaftskrisen erheblich geschwächt, bevor es in der Völkerwanderungszeit in sich zusammenbrach. Die germanischen Eroberer benutzten das vorhandene Geld zunächst noch eine Zeit lang weiter, bevor sie eigene Münzen zu prägen begannen. Der fränkische König Theudebert I. ließ in der ersten Hälfte des 6. Jahrhunderts erstmalig anstelle des Konterfeis des oströmisch-byzantinischen Kaisers sein eigenes Bild und seinen Namen auf die Münzen setzen und eröffnete damit numismatisch das Mittelalter.

Goldener Aureus mit Kaiser Nero – bekannt durch den Brand Roms und die Christenverfolgung.

Denar aus der italienischen Münzstätte Treviso bei Padua. Das Reich Karls des Großen erstreckte sich von der Nordsee bis nach Italien.

Karl der Große schuf etwa im Jahr 800 ein Münzsystem, das während des ganzen Mittelalters seine Gültigkeit behalten sollte und in seiner Nominaleinteilung noch bis 1971 in Großbritannien Bestand hatte: 1 Pfund entsprach 20 Schillingen (Solidi) oder 240 Pfennigen (Denarii).

Als im 9. Jahrhundert die Goldströme des Orients langsam versiegten, steigerte sich durch verbesserte Bergbaumethoden gleichzeitig die Ausbeute der europäischen Silberbergwerke enorm. Silber löste die Goldwährung in nahezu ganz Westeuropa ab. Erst mit dem Aufblühen der Städte im Hochmittelalter und der Zunahme des Handels kehrte die Goldwährung zurück. Florenz und Genua ließen seit dem Jahr 1252 wieder Goldmünzen prägen. Venedig folgte mit leichter Verspätung



Das Geld ist der Vater aller Dinge.
(Sprichwort)

*Die 1534 erschienene Komplettausgabe von Martin Luthers deutscher Bibel mit Holzschnitten von Lucas Cranach dem Älteren kostete 2 Gulden und 8 Groschen – der Lohn eines Lehrers für neun Monate Arbeit.*

Diese Münze hat die Welt verändert. Dukat des venezianischen Dogen Pietro Gradenigo.

Heiliger Laurentius auf dem Rost gegrillt. Goldgulden aus Nürnberg.

und schuf 1284 mit dem Dukaten ein in Italien, Frankreich, England sowie Mittel- und Osteuropa allgemein anerkanntes Zahlungsmittel. Der Dukat war die in dieser Zeit am weitesten verbreitete und wertbeständigste Handelsmünze Europas und wurde in der Donaumonarchie Österreich-Ungarn sogar bis 1915 geprägt.

Zwischen dem 16. und 19. Jahrhundert war der Taler die wichtigste Handelsmünze. Seinen Namen verdankt er den Guldengroschen, die von den Grafen von Schlick im böhmischen Joachimsthal geprägt wurden. Deren Vorläufer wiederum waren Guldiner genannte Großsilbermünzen des Erzherzogs Sigismund (1427–1496) aus Tirol. Die Namen „Guldengroschen" und „Guldiner" verraten, worum es den Zeitgenossen ging – eine Silbermünze, deren Wert dem eines Goldstückes entsprach. Der Volksmund nannte die neuen Münzen anfangs Joachimstaler und schließlich nur noch Taler. Vom Taler stammen beispielsweise die Bezeichnungen für den italienischen tallero, den schwedischen Daler oder den amerikanischen Dollar ab.

Erzherzog Sigismund. Erste Talerprägung an der Wende vom Mittelalter zur Neuzeit.

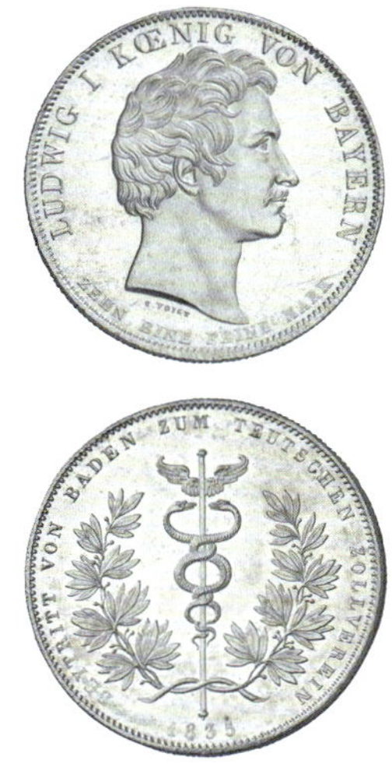

Bayerische Gedenkmünze von 1835 auf die Gründung des „teutschen" Zollvereins.

Mit der Gründung des Deutschen Zollvereins wurde im Jahre 1834 erstmals ein einheitliches Münz-, Maß- und Gewichtssystem auf dem Territorium des Deutschen Reiches eingeführt. Damit hatte das monetäre Chaos endlich ein Ende, das bislang jede Reise zu einer geldwechslerischen Strapaze gemacht hatte. Nahezu jedes der zahlreichen Klein- und Kleinstfürstentümer leistete sich eine eigene Währung. Führte ein neuer Herrscher eine neue Münzsorte ein, zog man nur selten die alten Münzen aus dem Verkehr oder erklärte sie für ungültig. In der Folge kursierten neben vielen deutschen Münzsorten der letzten 150 Jahre auch noch zahlreiche ausländische Gold- und Silbermünzen. Der Kaufmann Johann Christian Noback listete 1833 in seinem „Vollständigen Handbuch der Münz-, Bank- und Wechselverhältnisse aller Länder und Handelsplätze" allein mehr als 300 verschiedene Silbermünzsorten auf. Deutschland wurde nun in zwei Währungsgebiete aufgeteilt. Der norddeutsche Taler wurde in ein festes Währungsverhältnis zum süddeutschen Gulden gebracht: 2 Taler entsprachen 3,5 Gulden.



Ein Mensch ohne Geld ist wie ein Wolf ohne Zähne.
(Französisches Sprichwort)

*Zu Zeiten Kaiser Wilhelms kostete 1 kg Roggenbrot circa 0,23 Pfennig. 1950 zahlte man für die gleiche Menge Brot im Schnitt 0,43 DM. In diesen Jahren verdiente ein Industriearbeiter 1.29 DM pro Stunde, der durchschnittliche Nettolohn betrug 213 DM im Monat.*

Die erste Reichsgoldmünze mit dem frisch gekürten Kaiser Wilhelm I.

Der letzte deutsche Taler, 1872 geprägt aus Anlass der goldenen Hochzeit des sächsischen Königs Johann (1854–1873).

Nach dem Krieg gegen Frankreich von 1870/71 und der Gründung des Deutschen Kaiserreiches gab es eine fundamentale Münzreform, aus der zum ersten Mal eine einheitliche Reichswährung hervorging. An die Stelle der verschiedenen Silbermünzsysteme trat die Markwährung auf Goldbasis als ausschließliches gesetzliches Zahlungsmittel. Außerdem wurde das Dezimalsystem eingeführt: 1 Mark entsprach fortan 100 Pfennigen. In Deutschland wurde damit nachgeholt, was z. B. in Russland schon lange gang und gäbe war.

Dort hatte Zar Peter I. der Große (1672–1725) bereits mehr als 150 Jahre zuvor das erste dezimal aufgebaute Währungssystem der Welt eingeführt. 1 Rubel entsprach 100 Kopeken, und das gilt noch heute.

Die Einführung der Reichswährung war nicht problemlos. Das dokumentiert ein Bericht der „Ausschüsse für Handel und Verkehr und für Rechnungswesen“ vom 29. Oktober 1871: „Seitens des Königreiches Bayern wurde wegen der besonderen dort obwaltenden Verhältnisse des Kleinverkehrs und insbesondere zur Ermöglichung einer erwünschten Latitüde in der Bewegung des Bierpreises, Wert darauf gelegt, eine Halbteilung des Pfennigs vornehmen zu dürfen.“ Die Mark überdauerte mehr als 100 Jahre, zwei Weltkriege, die Inflationszeit 1922/23 und die Teilung Deutschlands, bevor sie am 1. Januar 2002 durch den Euro abgelöst wurde.

Rubel mit Zar Peter I., das Jahr der Prägung (1720) in kyrillischen Zahlen.

50 Pfennig, mit der Aufschrift BANK DEUTSCHER LÄNDER 1950 G ein begehrtes Sammlerobjekt.

Obgleich seit der Einführung der ersten Kreditkarte in den Vereinigten Staaten im Jahr 1950 der Trend immer mehr hin zum bargeldlosen Zahlungsverkehr geht, bleiben Münzen für den alltäglichen Bedarf vorerst unverzichtbar. Wenn die Geldstücke in der Tasche klimpern, spürt man im wahrsten Sinne des Wortes, „was man hat“. Die Vorstellung, ein schnelles Bier oder die Sonntagszeitung bargeldlos am Kiosk zu kaufen, ist nach wie vor recht visionär. Aber wer weiß – auch virtuelles Geld ist Geld. Und Geld ist wandelbar. Das hat die Münzgeschichte der letzten 2500 Jahre hinlänglich bewiesen.



Im Deutschen reimt sich Geld auf Welt.
(Sprichwort)

Marinus van Reymerswaele (1493–1567), Der Geldwechsler und seine Frau, 1539

018

Geld und Glück sind aus Flandern, sie gehen von einem zum andern.
(Deutsches Sprichwort)

Martin Mosebach

# Das schöne Geld

„Das schöne Geld …", in sanftem Klageton und stillem Vorwurf ausgesprochen, dies vielsagende Wort kennen wir aus dem Werk des großen Walter Kempowski. Ein ganzes Milieu ist darin zusammengefaßt, die Welt kleiner bis mittlerer protestantischer Kaufleute im deutschen Nordosten. „Dem schönen Geld" wurde da meist hinterhergetrauert, wenn es weg war, töricht verschwendet oder in aller Vorsicht und Mißtrauen eben leider doch fehlinvestiert. Gerade wenn das Geld weg war, erwachte seine Schönheit noch einmal vor dem geistigen Auge der Onkel und Tanten Kempowskis. Diese Schönheit bestand vor allem in der Fülle der Möglichkeiten, die in dem Geld solange geschlafen hatte, bis es zu dem konkreten, wie man jetzt eingestehen mußte: verfehlten Zweck ausgegeben worden war. Als schieres und noch bestimmungsloses Geld hatte es für alles gestanden, die kühnsten Träume ließen sich damit verbinden und waren in dieser Verbindung nicht bloße Schäume, sondern auf eine süße und tief befriedigende Weise halbverfestigt, und die Lebenskunst des Geldbesitzers bestand gerade in der Fähigkeit, diesen Zustand auszukosten und solange wie möglich andauern zu lassen. Charles Dickens, der Sohn eines Bankrotteurs, hat seinem unglücklichen Vater in Gestalt des Mr. Micawber in „David Copperfield" ein Denkmal gesetzt; er läßt ihn die Devise von der puren Schönheit des nicht ausgegebenen Geldes am sinnfälligsten formulieren: „Wer zwanzig Shilling besitzt und gibt neunzehn aus, ist ein reicher Mann; wer einundzwanzig ausgibt, ist der ärmste Hund auf Erden."

Aber es hat, nach der frühen Erfindung des Geldes, viele Jahrhunderte gedauert, bis die dem Geld eigene Schönheit in voller Tragweite erkannt wurde. Lange verharrte der größte Teil der Menschheit in einem kindlichen Zustand; Geld an sich bedeutete ihr wenig, umso mehr das, was man dafür kaufen konnte. Für Kinder ist das Geld ein bloßes Mittel, um sich ersehnte Sachen beschaffen zu können. Da gab es einst zwar die Sparbüchse, in der die Münzen verschwanden und unerreichbar wurden; immer schwerer wurde sie, und ihr Gewicht gab ihr einen sinnlichen Reiz, die darin scheppernden Münzen ballten sich gleichsam zu einem Klumpen Gold zusammen, ihn in den Händen zu wiegen, vermittelte einen körperlichen Genuß. Das Ziel, das Sparschwein demnächst zu schlachten, wurde deshalb aber nicht aus den Augen verloren. Vor das Fahrrad, auf das gespart werden sollte, vermochte sich das Geld

020

Wo Geld ist, da ist der Teufel; wo keins ist, da ist er zweimal.
(Sprichwort)

noch nicht zu schieben. Ganz ungewöhnlich erschien uns der kleine schwäbische Knabe – man beachte aber die für ihre Ökonomie notorische Herkunft! –, der auf die Frage, was er sich zum Geburtstag wünsche, dem Patenonkel ins Ohr flüsterte: „Weißt du, was ich mir am allermeisten wünsche? Geld!“ Und das war so eindringlich, so gellend gesprochen, als gelte es, das schöne Geld herbeizubeschwören.

Ein Haufen Geld – das ist ein Schloß, ein Zobelpelz, die schöne Frau, die ihn trägt, ein großes Auto, ein van Eyck und ein van Dyck. Unser Freund war ein alter Kunstsammler, in seiner Genfer Villa stießen die Rahmen seiner Balthus-Mädchen an die seiner Derain-Akte. „Ich wollte immer viele schöne Bilder besitzen“, erzählte er, „aber ich war arm. Da besuchte ich – ich war kaum zwanzig – einen bedeutenden Financier. ‚Was wollen Sie denn einmal machen?‘, fragte er mich. Meine Antwort: ‚Ich möchte gern Geld verdienen.‘ ‚Dann werden Sie niemals Geld verdienen‘, sagte er streng. ‚Geld darf man nicht mögen, Geld muß man wollen!‘“ Der große Financier habe recht behalten, sagte der Sammler. Genug Geld, um Gemälde zu kaufen, habe er zwar verdient – „Sie wissen schon: Ein reicher Mann kauft niemals teuer!“ –, aber in die Vermögenskategorie, in der man den Besitz nach Hundert-Millionen-Einheiten bemesse, sei er nie gelangt, dafür sei das reine Geld leider nicht wichtig genug gewesen.

Die längste Zeit in der Geschichte des Geldes hat man dem sicheren Gefühl, daß das Geld etwas Schönes sei, versucht, dadurch einen Ausdruck zu verleihen, daß man die Geldstücke und die Geldscheine zu schönen Gegenständen machte. Gold-, Silber- und Kupfermünzen waren mit den Reliefs großer Künstler geschmückt. Die Münzsammler horten noch heute in ihren flachen Schubladen exquisite Kleinplastiken, edle Miniaturskulpturen, die sich in das Rund der Medaillen elegant hereinschmiegen und ihnen oft genug einen Wert verleihen, der den Geldwert, den sie repräsentieren sollten, beträchtlich übersteigt. Kronen und Wappentiere – Greifen, Einhörner, züngelnde Adler und Löwen – paradieren auf den Geldstücken, ins Heldische verschönte Herrscherportraits geben Auskunft, in welchem Reich sie geschlagen wurden. Da verflüchtigte sich der Charakter der Abstraktion, der dem Geld von Anfang an zu eigen ist und der aus seiner Funktion stammt. Denn diese Zechinen und Dukaten, diese Drachmen und Thaler, diese Pfunde und Kronen, diese Heller und Batzen, diese Rubel und Guineen, die rollten so volltönend, die klangen so hell, die wogen so schwer, die blinkten so verheißungsvoll und die waren einfach so schön, daß aus der Abstraktion unversehens wieder etwas Konkretes geworden war, das waren beinahe wieder Tauschobjekte wie aus den uralten Zeiten ohne Geld, in denen eine Kuh drei Schweine wert gewesen war. Erst das Papiergeld eroberte dem Geld etwas von seiner geisterhaften Unkörperlichkeit zurück, aber schön ist es zunächst und bis vor kurzem ebenfalls gewesen. Das dicke, vornehme Papier, die aufwendigen Kupferstiche mit den tausend



Redet Geld, so schweigt die Welt.
(Deutsches Sprichwort)

feinen Linien, deren Wellen und Kreuzungen den Geldfälschern das Geschäft erschweren sollten, waren beinahe tastbar, so körnig stand die Farbe auf dem Schein. Vielfach hatten diese Scheine noch etwas von persönlichen Schuldverschreibungen: Der Notenbankchef wies darauf einen unbekannten Kassierer an, dem Eigentümer dieses Scheines die darauf abgedruckte Summe auszuhändigen; es war noch ganz deutlich, daß der Schein nicht beanspruchte, selbst Geld zu sein, das schöne Geld stand noch hinter ihm und wurde durch ihn lediglich locker gemacht. Die in blaues Papier eingeschlagenen Rollen, die funkelnden Barren in ihren Tresorgräbern, sie traten nun nicht mehr ans Tageslicht, aber sie waren immer noch gemeint, das Papier trat nicht einfach an ihre Stelle, man könnte sagen, es wurde zu einem Denkmal des Geldes.

Inzwischen hat das Geld die letzten Fesseln, die es mit sinnlich erfahrbaren Materialien verbanden, abgestreift; es ist so körperlos geworden, wie es seiner Idee auch entspricht. In den alten Zeiten war es das Privileg der großen Damen, niemals in ihrem Leben ein Geldstück angefaßt zu haben; dieses Recht kann bald jeder für sich beanspruchen, der würdig befunden wird, ein Plastikkärtchen mit sich zu führen. Wo bleibt da die Schönheit des Geldes? Denn nicht nur das Licht, auch die Schönheit ist mit den Körpern unlösbar verbunden. Unsichtbare Schönheit hat ihren Ort eigentlich nur in der Religion. Aber auch die drängt danach, sich sichtbar zu machen, auf die Körper hinüberzuspringen. Und sie macht sich sichtbar, jeder kann es erleben. Erst neulich haben wir das wieder erlebt. Wir wanderten durch ein Museum für alte chinesische Keramik, betrachteten die Ming-Vasen aus der „famille rose" mit ihren reichen Ornamenten und gelangten schließlich vor die Vitrinen mit den wirklich kostbaren Stücken, den Seladon-Schalen aus der Tang-Zeit. Da stand solch eine Schale vor uns, vollkommen ungeschmückt, hellgrün, wohlgestalt, aber sie erschien uns – und wir fühlten die Verachtung der Porzellankenner geradezu wie Juckpulver auf der Haut! – wie eine Frühstückskaffee-Schale von Ikea für zwei Euro, mit dem Unterschied, daß die Tang-Schale eben erst für fünf Millionen Euro ersteigert worden war, ja, und nun geschah das Wunder: Nachdem wir den Preis erfuhren, begann die Schale sich vor unseren Augen gleichsam anzufüllen, sie atmete, sie ruhte in einer kristallinen Vollkommenheit, sie wurde eine Götterschale, besser konnte keine Menschenhand jemals eine Schale machen, eine Schale wie aus einem Sternbild – wir haben das wirklich gesehen, und wir zweifeln nun nur, ob es diese Meisterschale aus der Tang-Zeit war, für die uns unversehens die Augen geöffnet wurden, oder doch die jähe Offenbarung der Schönheit des Geldes.



Ich bin dafür bekannt, dass man mich wirklich kaum mit Geld locken kann.
(Sprichwort)

023

Geld ist Königin der Welt, schafft alles dir: ein reiches Weib, Kredit und Freunde, Schönheit, Adel, alles!
Die Überredung wohnt auf deinen Lippen und Venus schmückt mit ihrem Gürtel dich.
– Horaz –

Sebastian Steinbach

# Im Angesicht der Herrscher

Königin Elisabeth II. auf einem englischen 5-Pfund-Stück (links), König Juan Carlos I. auf der Euro-Münze (rechts), Präsident Habib Bourguiba von Tunesien auf einem 10-Dinars-Stück und die niederländische Königin Beatrix auf den Euro-Geprägen. Porträts der „Herrscher" der Neuzeit findet man heute noch auf fast allen Münzen und Geldscheinen.



Im Allgemeinen besteht die Kunst des Regierens darin,
so viel Geld wie möglich von einer Klasse zu nehmen, um es an die andere zu verteilen.
– Voltaire –

Doch das war nicht immer so. Vor 2000 Jahren befanden sich vor allem göttliche Symbole auf den Münzen. In den griechischen Stadtstaaten hatten sie eine Art Wappenfunktion. Das änderte sich unter Alexander dem Großen (356–323 v. Chr.). An die Stelle der Symbole des Stadtstaates und der politischen Gemeinschaft trat das Konterfei des Machthabers und Königs, der bereits zu Lebzeiten als göttlicher Herrscher und Sohn des Zeus verehrt wurde (oben). Gefertigt wurden diese Münzen allerdings erst nach Alexanders Tod, weshalb offen bleiben muss, ob sie eine lebensnahe Abbildung des berühmten Makedonen darstellen.Münzen hatten damit eine neue Funktion erhalten: Von nun an standen sie im Dienste der Staatspropaganda. Weil sie in der ganzen damals bekannten Welt verbreitet waren, erfüllten sie quasi die Funktion einer „Zeitung der Antike“.



Hast du Geld, musst du dich nicht beugen.
(Sprichwort)

Als mit Gaius Julius Caesar (100–44 v. Chr.) zum ersten Mal in der Geschichte der Römischen Republik eine lebende Person auf einer Münze abgebildet wurde (links), empfanden dies einige Zeitgenossen als provokative Ankündigung, eine Monarchie errichten zu wollen. Diese Veränderung des Münzbildes war von so einschneidender Bedeutung, dass sie durch einen Senatsbeschluss genehmigt werden musste. Auch der Cäsarmörder Brutus (Mitte) ließ zur Rechtfertigung seiner Tat Münzen mit seinem Porträt prägen. Die Rückseite (rechts) zeigt das Datum der Bluttat (EID · MAR = 15. März 44 v. Chr.) und darüber die Freiheitskappe (Pileus) zwischen den Mordwerkzeugen – Symbole für einen gerechtfertigten Tyrannenmord. Es ist wohl die berühmteste römische Münze.



Öffentliche Gelder sind wie Weihwasser: Jeder bedient sich.
(Italienisches Sprichwort)

Noch 900 Jahre später ließ sich Karl der Große als antiker Herrscher mit Mantel und Lorbeerkranz auf Münzen abbilden (oben). Einzig sein ausdrucksvoller Schnurrbart weist auf seine fränkische Herkunft hin. Bemerkenswert ist, wie sehr die Darstellung der zeitgenössischen Beschreibung Karls in der „Vita Karoli Magni" ähnelt: „Er war von breitem und kräftigem Körperbau, [...] der Schädel war rund, die Augen groß und lebhaft, die Nase überragte ein wenig das Mittelmaß. Er hatte [...] ein freundliches und heiteres Gesicht, [...] wenngleich sein Nacken stark und etwas zu dick [war]." Von diesen seltenen „Kaisermünzen" sind insgesamt 35 Exemplare weltweit bekannt, und die Gründe für ihre Entstehung sind immer noch rätselhaft.



Geld regiert die ganze Welt.
– Publius Syrius –

Im Mittelalter dann waren derartige nahezu porträthafte Wiedergaben von Herrschern auf Münzen unüblich. Den Stempelschneidern ging es nicht darum, mit den Münzbildern realistische Porträts der Münzherren zu verbreiten. Die dargestellten Personen erinnern oftmals eher an Strichmännchen, und die Proportionen stimmen selten. Wichtiger war die Abbildung der Statussymbole, die ein König bei sich tragen musste, um als solcher erkannt zu werden – Krone, Zepter, Reichsapfel oder Schwert. Ähnliches ist auch in den Buchmalereien oder Steinplastiken jener Zeit zu beobachten. Herzöge ließen sich beispielsweise mit Schwert, Rüstung und Fahne darstellen. Die Geistlichkeit, etwa ein Bischof, wurde mit Krummstab, Buch und Mitra ausgestattet. Jeder hatte „sein Päckchen zu tragen"; Autorität und Rang wurden auf den Münzbildern durch Attribute verliehen, und die Unterschrift mit dem Namen des Herrschers (hier Heinrich IV., oben) konnten die Wenigsten lesen.

In der Frühen Neuzeit kehrte das Münzporträt zum Realismus zurück und trieb teilweise merkwürdige Blüten. Die Folgen der jahrhundertelangen Inzucht innerhalb des Hauses Habsburg lassen sich an der Darstellung von Kaiser Leopold I. (1640–1705) auf einem 5-Dukaten-Stück (oben) deutlich ablesen. Das spitz zulaufende und überstehende Kinn, die fleischig verdickte Unterlippe und die große gebogene Nase sind genetische Defekte, eine Konsequenz der häufigen Verehelichungen unter nahen Verwandten in den europäischen Königshäusern des 17./18. Jahrhunderts. Die körperlichen Makel des frisch gekürten Kaisers blieben auch seinen politischen Widersachern nicht verborgen. So notierte der türkische Gesandte am Wiener Hof über Leopold: „Seine Lippen sind wulstig wie die eines Kamels. Immer wenn er spricht, trieft ihm der Speichel aus dem Mund [...]. Die [...] Pagen, die ihm zur Seite stehen, wischen ihm mit riesigen roten Tüchern ständig den Geifer ab. [...] Seine Finger sehen aus wie Gurken." Eine sehr unschmeichelhafte Beschreibung, die das Münzbild noch realistischer wirken lässt.



Zeit ist Geld, und Geld ist teuer.
(Sprichwort)

1683 belagerte der türkische Sultan Mehmed IV. mit einem Heer von 150 000 Soldaten Wien. Die umringten Stadtbewohner konnten erst nach harten Kämpfen durch den polnischen König Jan III. Sobieski (1629–1696) befreit werden. Der Sieg wurde in zahlreichen Münzgedenkprägungen und Medaillen gefeiert, so auch vom Münsteraner Goldschmied und Münzmeister Gottfried Storp. Auf der Vorderseite seiner Medaille zeigt er Kaiser Leopold I. (links). Die Rückseite ist der Abbildung des besiegten türkischen Sultans vorbehalten – MAHVMET IV VICTVS TVRCarum CAESar. „Mehmed IV., der besiegte Kaiser der Türken" nennt ihn die Umschrift (rechts). Doch woher kannte ein Stempelschneider im mehrere hundert Kilometer entfernten Münster das Gesicht des Türkenherrschers? Zeitgenössische Flugbilder zur Zweiten Wiener Türkenbelagerung bildeten offensichtlich die Vorlage der Handwerker, wie ein Stich des Antwerpener Verlegers Johann Meysses zeigt. Er weist erstaunliche Ähnlichkeit mit dem dargestellten Sultan auf. Lediglich der Turban und die Gewandverzierungen sind etwas anders gestaltet worden. Es gab sogar Herrscher, die mit eigens angefertigten Vorlagen verbreiteten, wie sie auf Medaillen, Gemälden und Plastiken aussehen wollten.

030

Zu viel Geld ist das schlimmste aller Leiden.
(Marokkanisches Sprichwort)

Der letzte deutsche Kaiser Wilhelm II. (1859–1941) umgab sich wie auf Fotografien auch auf Münzen und Banknoten seiner Zeit gerne mit militärischem Kolorit (links). Sondermünzen zu bestimmten politischen Anlässen nutzte er ebenfalls zur Selbstdarstellung im militärischen Gewand. Allerdings konnte er es nicht verhindern, dass ihn Privatpersonen auf selbst hergestellten Spottmünzen z. B. mit aufgelötetem Hut darstellen ließen (rechts). Mit dem Untergang des Kaiserreichs verschwanden die adeligen Porträts auf den deutschen Münzen und machten Platz für die Symbole der jungen Weimarer Republik. 1949/50 dann begann die Bank deutscher Länder mit der Ausgabe von 1-, 5-, 10- und 50-Pfennig-Stücken. An die Stelle des Alleinherrschers trat nun, wie auf den frühen antiken Münzen, das Symbol des Gemeinwesens Staat – in diesem Fall der Bundesadler. Dieser findet sich auch auf der Rückseite der deutschen 1-Euro-Münze.



Adel, Tugend, Kunst, sind ohne Geld umsunst.
(Sprichwort)

Andreas Platthaus

# MEHR GELD, ALS ES AUF DER WELT GIBT

## Das Vermögen des Dagobert Duck

Was ist das, wenn man sein Vermögen in einem Geldspeicher lagert, damit man es sich als reicher Mann erlauben kann, wie ein Seehund in sein Gold hineinzuspringen, darin herumzuwühlen wie ein Maulwurf und es so in die Luft zu werfen, dass es einem auf die Glatze prasselt? Das ist zunächst einmal monetäre Autoerotik, und es darf nicht verwundern, dass Dagobert Duck einem Mediziner, der ihn angesichts der von Goldstaub verstopften Poren fragt, ob er etwa in Geld schwimme, errötend die klassische Antwort aller Perversen gibt: „Ahem, darüber möchte ich nicht reden." Ist das Kapitalismus?



Ein gesunder Mensch ohne Geld ist halb krank.
(Sprichwort)

I'VE JUST FINISHED COUNTING THIS MONEY, AND NOW I CAN'T REMEMBER HOW MUCH THERE WAS!

Keiner hat dem Entenhausener Multimilliardär gesagt, wie man Kapitalist wird. Das große Geheimnis des Dagobert Duck lüftet Carl Barks, der Mann, der 1947 zum ersten Mal vom reichsten Mann der Welt erzählte, erst in einer seiner letzten Geschichten. Sie heißt „Der Rinderkönig" und erschien 1967. 20 Jahre ließ sich Barks Zeit, sich einen Unternehmer nach seinem Bilde auszumalen – und am Ende stand da ein Dagobert Duck, der auch hätte sagen können, dass er niemals Kapitalist gewesen sei.

Wer von Dagobert Duck spricht, darf von seinem Geld nicht schweigen. Dazu müsste man allerdings erst einmal wissen, wie viel davon der reichste Mann der Welt denn besitzt. Jeder, der auch nur über rudimentäre Leseerfahrungen mit dem Entenhausener Geschichtenkanon verfügt, wird sofort ein paar gängige Zahlen bereit haben. Die bekannteste Angabe stammt aus der erstmals 1954 erschienenen Geschichte „Dagobert Ducks 13 Trillionen" und lautet, anders als man bei diesem Titel erwarten sollte, nicht 13 Trillionen Taler, sondern exakt 13 Trillionen Taler und 13 Kreuzer. Da ein Dagobert Duck nach der Devise lebt: „Wer den Kreuzer nicht ehrt, ist des Talers nicht wert", sind solche Feinheiten unbedingt zu beachten.

Dadurch aber ist nicht garantiert, dass diese Aussage auch das letzte Wort wäre. Bei einem Arbeitsessen von Dagobert Duck mit dem zweitreichsten Mann der Welt, dem Grafen von Gondola, werden Geschäftsabschlüsse von einigen Quadrilliönchen in Aussicht gestellt, und man kann dem Namen dieser Zahl unschwer ablesen, dass ihre Höhe die der eben genannten Trillionen übersteigt. Anderswo wiederum ist von 9 Fantastilliarden, 657 Zentrifugillionen Talern und 16 Kreuzern die Rede, und wiederum an anderer Stelle aus dem Munde Dagobert Ducks von 500 Trillionen, 253 Billiarden, 675 Billionen, 123 Milliarden, 934 Millionen, 300.500 Taler und – wieder einmal – 13 Kreuzern. Diese letzte Angabe erlaubt uns die Vermutung, dass die Abfolge der Entenhausener Zahlen zumindest bis zur Trillion dem uns dank der natürlichen Überlegenheit des Dezimalsystems vertrauten Schema folgt.

Die konkreten Summen differieren in den Berichten von Barks kräftig. Im Gegensatz dazu hat das Volumen des Vermögens von Dagobert Duck eine einigermaßen konstante Größe. Da sein Reichtum im Geldspeicher gelagert wird und nicht auf der Bank, ist der Verweis auf ein Hohlmaß sinnvoll. Es wird mit sechs Kubikhektar angegeben. Diese Angabe jedoch ist ein Ding der Unmöglichkeit – zumindest in unserer Welt. Gerechnet wird in Kubikmetern, also einem Längenmaß hoch drei, das nämlich durch Länge, Breite und Höhe einen dreidimensionalen Raum von jeweils einem Meter Kantenlänge beschreibt. Ein Kubikhektar dagegen wäre ein Flächenmaß hoch drei, also eine Fläche von 100 mal 100 Metern, die in der Dreierpotenz konsequenterweise



Wer Geld hat, hat Angst; wer keines hat, hat Sorgen.
(Persisches Sprichwort)

einen sechsdimensionalen Raum beschreiben würde, von dem niemand eine Ahnung hat, wie man sich ihn vorzustellen hätte. Da es auch aus Entenhausener Quellen keine Anhaltspunkte dafür gibt, dass dort sechs Dimensionen bekannt wären, hat die donaldistische Forschung sich darauf geeinigt, dass die Rede von Kubikhektar eine mathematisch unpräzise umgangssprachliche Beschreibung für einen Würfel von jeweils hundert Meter Kantenlänge ist. Sechs solcher Würfel gefüllt mit Geld dürften immer noch ein erkleckliches Vermögen ergeben.

Immerhin: Über eines kann man Sicherheit erlangen, nämlich über die Obergrenze des Duck'schen Vermögens. Sie beträgt eine Trilliarde Taler, denn das ist die Schadenersatzsumme, zu der ein Entenhausener Geschworenengericht den reichsten Mann der Welt wegen Körperverletzung verurteilt. Dass Dagobert Duck über diese Summe tatsächlich nicht verfügt, belegt seine Äußerung beim Verlassen des Gerichtssaals: „Da muss ich diesem Betrüger mein ganzes Vermögen geben und alles, was ich bis zu meinem Lebensende verdiene." Man hätte allerdings auch schon vorher feststellen können, dass die Forderung das Duck'sche Barvermögen übersteigt, denn ein Gerichtsdiener berechnete auf die empörte Frage des Verurteilten, ob der Richter überhaupt wisse, wie viel Geld eine Trilliarde Taler sei, dass diese Summe schätzungsweise 43.457.298 Mal so viel Geld ist, wie es auf der Welt gibt.

Eine einfache Division stürzt jedoch in ein Dilemma: Wenn das vom Gerichtsdiener genannte Verhältnis stimmt und eine Trilliarde in der Reihe der Zehnerpotenzen auf Trillionen, Billiarden, Billionen, Milliarden und Millionen folgt (was eine Zahl mit 21 Nullen ergibt), dann beträgt die Geldsumme der Welt von Entenhausen lediglich 23.011.094.707.268 Taler, also eine Summe in der Größenordnung von 23 Billionen. Das ist natürlich kläglich, wenn wir uns noch einmal vergegenwärtigen, dass die niedrigste Zahl, die für Dagobert Ducks Vermögen bei Barks genannt wird, bereits 13 Trillionen und 13 Kreuzer beträgt. Der Bankier besäße damit immerhin mehr als 500 000 Mal soviel Geld, wie es angeblich auf der Welt gibt. Das ist nicht nur ein Dilemma, das ist ein Paradox.

Um das aufzulösen, muss man sich das Bankensystem in Entenhausen etwas genauer ansehen. Aus der Bemerkung eines führenden dortigen Bankiers ist bekannt, dass in der Welt von Entenhausen eine internationale Goldwährung gilt, und zwar, wie man wiederum aus anderen Berichten weiß, in nicht ausgemünzter Form, denn grenzübergreifende Geschäfte werden in Barrengold abgerechnet. Deshalb würden neu entdeckte Goldvorräte naturgemäß die Gefahr einer Inflation mit sich bringen. Wer aber wäre ein besserer Goldsucher als gerade Dagobert Duck, der von sich selbst behauptet, eine goldene Nase zu besitzen, die ihn Edelmetall riechen lässt? Tatsächlich hat



Wirklich genießen kann man nur Geld, das man mühsam verdient hat.
Aber wenn man es mühsam verdient, hat man keine Zeit, es zu genießen.
– Aldous Huxley –

LOOK! I'VE STILL GOT THE FIRST DIME I EVER EARNED!

YOU SURE HAVE! IT'S TIED TO YOU WITH A STRING, EVEN!

ROAR

er gewaltige Goldmengen etwa aus dem Weltall nach Entenhausen verbracht, die die internationale Währung gefährden würden, sofern sie in Umlauf kämen. Doch dieser Gefahr wirkt ein mächtiger Einfluss entgegen: die Duck'sche Raffgier. Keinen einzigen seiner mühsam verdienten Kreuzer möchte der Bankier wieder aus seinem Geldspeicher herauslassen, und solange das Kapital dort gehortet wird, ist es gar kein Kapital, sondern dient allein der Schatzbildung. Damit ist nicht nur die eingangs gestellte Frage beantwortet, ob Dagobert Duck überhaupt ein Kapitalist ist, sondern auch das Kardinalproblem der Entenhausener Wirtschaft gelöst: Kaufkraft, die durch Gold im Geldspeicher repräsentiert ist, wird nie nachfragewirksam, und damit ist der inflationäre Effekt vermieden.

Da diese Einnahmen fortan jedoch im Geldspeicher gehortet werden, ist die Notenbank gezwungen, permanent Geld nachzudrucken, um den Markt mit Zahlungsmitteln zu versorgen. Die von Dagobert Duck vereinnahmten Geldmengen müssen dann aber aus der Bilanz getilgt werden, weil angesichts des sparsamen Naturells ihres Eigentümers nicht ernsthaft damit gerechnet werden kann, dass sie jemals wieder in den Zahlungskreislauf zurückfließen. So kann es dazu kommen, dass ein einzelner Mann tatsächlich 500 000 Mal so viel Geld besitzt, wie es auf der Welt gibt: Sein Vermögen besteht aus abgeschriebenem Geld.

Aus der ökonomischen Theorie Entenhausens ist ein „Lehrsatz von der kurzfristigen Bilanzschwebe" bekannt, dessen Inhalt allerdings nicht überliefert wurde. Man kann an dieser Stelle die Vermutung wagen, dass eine Bilanzschwebe die Unsicherheit bei der Bewertung einzelner Bilanzposten bezeichnet, namentlich die der ausgegebenen Zahlungsmittel. Die volkswirtschaftliche Gesamtbilanz Entenhausens kann vor einem ordnungsgemäßen Rechnungsabschluss des Duck-Konzerns nicht als ausgeglichen bezeichnet werden, weil erst dann bekannt wird, in welchem Maße ihr Passivposten entzogen beziehungsweise Aktivposten durch Extrasteuern vermehrt wurden. Diese besondere Situation Entenhausens, wo Bilanzposten folglich teilweise spurlos verschwinden können, erfordert eine Phase der Bilanzunsicherheit, der Bilanzschwebe eben, bis genaue Zahlen vorliegen. Da allerdings dokumentiert ist, dass die komplette Erfassung der Duck'schen Vermögenswerte bis zu 13 Jahre dauern kann, ist der Begriff der „Kurzfristigkeit" im Lehrsatz von der Bilanzschwebe relativ zu sehen. Die Probleme mit dem Finanzsystem sind in Entenhausen also eher noch größer als bei uns.



Wer nichts weiter tut als Geld verdienen, der verdient auch nichts weiter als Geld.
– José Ortega y Gasset –

# EXAKT DREIZEHN TRILLIONEN TALER UND DREIZEHN KREUZER

Und mehr als tausend Gründe wiegt des Geldes Macht.
– Euripides –

**Norbert Greiner**

# *Die Poesie des Kapitals*

## Was gilt das Geld den Literaten?

Der Sturm, William Shakespeare – Jena, 2008



Geld heißt so viel wie geprägte Willensfreiheit.
– Fjodor Dostojewski –

Nicht immer zeigt sich die Literatur auf der Höhe des Zeitgeists, auch wenn sie sich gern selbst so sieht. Bei der Thematisierung des Geldes bewies sie über Jahrhunderte eine geradezu stupende Bibelfestigkeit und eine Abhängigkeit von stereotypen Vorurteilen. Es scheint, als habe die Stigmatisierung des Geldes und vor allem des Geldverleihs in der Bibel der Literatur ein Schweigegebot auferlegt. (Dass der Ablasshandel eine frühe Form des Handels mit Optionsscheinen war, konnte damals niemand ahnen, vielleicht weil das Produkt des ewigen Seelenheils dann doch zu immateriell war.) Natürlich gab es Geld. Dort, wo es Konflikte gibt, und davon lebt die Literatur, gibt es Geld: Betrüger und Halsabschneider, Betrogene und Tölpel, Geizige und Verschwender, Potentaten und Alchimisten; oder aber sagenhafte Goldschätze, Dukatenscheißer, großzügige Mitgiften, Sterntaler und Rheingold in allen denkbaren Variationen. Die Schwänke, Romanzen und Novellen des Mittelalters sind voll davon. Der Traum vom wiedererlangten Paradies auf Erden ist ein Traum von den Mitteln, dieses zu finanzieren. Aber allen diesen Motiven ist eines gemein: Nirgends wird Geld theoretisch erörtert, als Zivilisationsinstrument problematisiert. Es ist da, so wie das Leben und der Tod, wie Mann und Frau, man hat es oder man hat es eben nicht. Von letzterer Gruppe gab es schon immer zu viele.

Die relative Blindheit der Literatur gegenüber diesem Thema hielt noch an, als die Zeiten sich so nachhaltig verändert hatten, dass man die Augen vor diesem Phänomen eigentlich nicht mehr verschließen konnte. Dass die europäischen Fürsten des 16. Jahrhunderts ihre Kriege nicht mehr ohne die Kredite der großen Privatfinanciers führen konnten, dass diese sich durch die Kapitalzufuhr einen unkontrollierbaren politischen Einfluss sicherten, aber auch – wie der Aufstieg und Fall des am Hause Habsburg bankrott gehenden Hauses Fugger zeigt – ihr endgültiges Fiasko erleben konnten, musste sich bei den Renaissance-Intellektuellen herumgesprochen haben. Spätestens im Verlauf des 16. Jahrhunderts hatte sich die ubiquitäre Geltung des Geldes im Bewusstsein der Zeitgenossen festgesetzt. Den abhängigen Kleinbauern wurden die sich rasch verändernden Marktstrukturen zum Problem; die Großeinkäufer der Hauptstädte diktierten einen Preis, der nicht mehr durch Angebot und Nachfrage am regionalen (oft Naturalientausch-)Markt reguliert wurde; die Gewinnspannen der Alerten wuchsen ebenso rasch wie die Armut der Schlichten im Geiste. Auch den am Kapitalverkehr Unbeteiligten waren schier unglaubliche (wiewohl faktisch zutreffende) Gerüchte zu Ohren gekommen: dass ein Syndikat, das einem gewissen Sir Francis Drake eine dreijährigen Südamerikaexpedition finanziert hatte, im Jahr 1580 eine Dividende von 4 700 Prozent (!) ausschüttete und dass damals die Rendite einer zweijährigen Persienexpedition von 106 Prozent als Fiasko galt. Mit dem neuen Geld und dem neuen Geldverkehr entstand ein neuer Menschentypus, der des young urban professional, der erst 400 Jahre später die Ehrenbezeichnung des „Yuppy“ verliehen bekam. Und diese „brave new world“ (ein Zitat aus Shakespeares Spätwerk „Der Sturm“) mit ihren bestaunenswerten neuen Menschen läutete eine neue Zeit ein, die wir die Neuzeit zu nennen gewohnt sind. Wenn die Renaissance die Wiedergeburt des antiken Menschenideals ist, dann ist sie mindestens ebenso sehr die Geburt des homo oeconomicus.

Die Literatur reagierte verhalten. Zunächst artikulierten sich in ihr alle Ängste und Vorbehalte, mit denen wir dem Neuen üblicherweise begegnen, weil das Neue sich auf den ersten Blick als der Verfall der alten Werte präsentiert. Das Neue birgt seit

Der Kaufmann von Venedig, William Shakespeare – Berlin, 2005

044

Niemand kennt die Menschen so gut wie der Beichtvater, der Bankier und der Bettler.
(Italienisches Sprichwort)

jeher die Gefahr der Orientierungslosigkeit. In der Literatur, besonders der Dramatik des späten 16. und des 17. Jahrhunderts überwiegen, sofern sich das neue Leben überhaupt thematisch niederschlägt, die Satiren auf das Geld und den neuen Menschen. Der Bürger als Beutelschneider oder als Pfennigfuchser, als Möchtegern oder als Parvenu – das waren die beherrschenden Komiktypen auf den Bühnen Englands und Frankreichs, und sie waren weit entfernt von der neuen kapitalistischen Mittelklasse aus Landbesitzern, Kaufleuten und Industriekapitalisten. Nicht der risikofreudige, sondern der reiche Unternehmer, und nicht der kluge, sondern der kasuistische Jurist besaßen damals wie heute einen großen gesellschaftlichen Einfluss und eine geringe literarische Reputation.

Shakespeare, der mit machen seiner Motive diese stereotypen Vorbehalte bediente, schuf mit seinem „Kaufmann von Venedig" freilich ein aus der Masse der geldfeindlichen Literatur auf bemerkenswerte Weise herausragendes Werk. Wir würden es uns zu einfach machen, wenn wir in der Konfrontation zwischen dem christlichen Kaufmann Antonio und dem jüdischen Geldverleiher Shylock, der Antonio nicht an die Wäsche, sondern ans Fleisch möchte, die simple Antinomie zwischen Christ und Jude, Gut und Böse (in den Wertkoordinaten der damaligen Zeit) oder auch Alt und Neu angelegt sehen. Zu komplex, zu differenziert und vor allem zu widersprüchlich sind beide Figuren, um eine einfache Zuweisung vornehmen zu können. Es hatte eine Revolution gegeben, und nur Shakespeare hatte es bemerkt – ohne sie freilich ganz zu begreifen. Christ und Jude – das hieße einerseits ehrlicher Gelderwerb durch kluge kaufmännische Tätigkeit und Risikobereitschaft sowie Geldverleih ohne Zins und Rückerstattung an bedürftige (sogar verschwenderische!) Freunde; und andererseits unehrenhafter risikoloser Gelderwerb durch Kapitalzinsen und Geldverleih gegen hohe Zinsen und Sicherheiten, selbst wenn deren Fälligkeit den (hier wörtlich und symbolisch zu nehmenden) Untergang des Schuldners bedeutet. Diese ideologische Konfrontation hatte damals längst keine Gültigkeit mehr. Schon der Titel lässt ja aufhorchen: „Der Kaufmann von Venedig". Wer ist der Kaufmann, und um welche Produkte handelt es sich hier? Von Beginn an spielt das Stück mit verschiedenen Positionen und Sinnzuweisungen. Um eine Verdammung des Kapitalzinses kann es allein nicht gehen, ebenso wenig wie um eine fremdenfeindliche, gar rassistische Verfemung des Juden. Letzterer war den Elisabethanern gar nicht bekannt: Seit 1290 waren Juden aus England vertrieben, die wenigen maranischen (getauften) Juden fielen nicht ins Gewicht oder waren aufgrund ihrer segensreichen Tätigkeit als Ärzte oder Bankiers wohl gelitten. Ein anderer „literarischer" Jude, der Jude von Malta aus Christopher Marlowes gleichnamigem Stück hatte wenige Jahre zuvor schon bewiesen, dass die ästhetische Fantasie eine Karriere vom Geldverleiher zum Seehandelsinvestor (also die Vorwegnahme der Rolle des Christen Antonio) erlaubte. Und natürlich war Geldverleih gegen Zinsen längst eine alltägliche Selbstverständlichkeit geworden. Wenn wir also nach den geldtheoretischen Positionen fragen, die in beiden Figuren personifiziert sind, lassen sich keine eindeutigen ideologischen Positionen zuweisen. Beide tragen Züge des Alten und Neuen, und beide, das Alte und das Neue, vereinigen positive und fragwürdige (d. h. als solche gedeutete) Züge. Wir müssen die Konfiguration Antonio/Shylock offenbar gemeinsam als eine Konfiguration aller miteinander streitenden, sich zu Neuem fügenden, das Alte noch tragenden, beides noch nicht so recht verstehenden Tendenzen in Sachen Geld und Kapital deuten. Dem entspricht die Ausgewogenheit der Schuldzuweisung: Dem bizarren Hass



Man muss sich im Leben entscheiden, entweder Geld zu verdienen oder Geld auszugeben.
Für beides zusammen reicht die Zeit nicht aus.
– Edouard Bourdet –

des Juden steht die nicht weniger obszöne Verachtung und Verhöhnung alles Fremden durch die Christen zur Seite. Längst haben moderne Regiekonzepte den Reiz ausgelotet, der sich aus einer Inszenierung ergibt, die beide Figuren gleich kleidet, gleich schminkt, gestisch und mimisch gleich in Szene setzt. Die scheinbar unschuldig-komische Frage der als Advokat verkleideten Portia in der Gerichtsszene, „Wer ist der Kaufmann hier und wer der Jude?“, soll wohl weniger eine Wahrnehmungsstörung andeuten, als auf die enge Verzahnung beider ökonomischer (und weltanschaulicher!) Prinzipien hinweisen, die man offen nicht auszusprechen wagte.

So wie im Christen Antonio das alte christliche Ideal brüderlicher Teilhabe und das neuzeitliche Unternehmertum zusammengeführt werden, bündeln sich in Shylock Wucherzinswirtschaft und neuer Kapitalmarkt. In diesem unentwirrbaren Komplex treffen sich religiöse und säkulare Urteile und Vorurteile, Trends sozialer Beharrung und gesellschaftlicher Erneuerung, Visionen und Ängste. Und solange sich derartige Komplexität einer systematischen Beschreibung entzieht, sucht sie sich – recht und schlecht – ihre Ausdrucksmöglichkeiten in den verfügbaren Erklärungsmustern. Ängste vor dem Neuen und Zorn auf vermeintlich verschlechterte Lebensbedingungen der weniger Privilegierten brauchen einen Sündenbock und finden im imaginären Fremden eine Projektionsfläche.

Mit dieser Konstruktion öffnen wir ein neues und entscheidendes Kapitel in der Kulturgeschichte des homo oeconomicus. Denn aus eben jener Richtung kam auch die Entlastung des Geldverleihers. Endgültig von seinen moralischen Altlasten befreit wurde der Schuldzins durch Calvin. Unter Rückgriff auf eben jene Bibelstelle, die jahrhundertelang als Beleg für das Zinsverbot herhielt – Deuteronomium 23, 19/20: „Du sollst von deinem Bruder nicht Zins nehmen [...] Von dem Fremden magst du Zins nehmen, aber nicht von deinem Bruder [...].“ – erklärte Calvin mehr oder weniger umstandslos alle Mitglieder einer Gesellschaft, die sich grundsätzlich für Fremde geöffnet habe, zu Fremden: Nachdrücklich wies auch der umsichtige Francis Bacon in einem seiner 1625 erschienenen Essays („Of Usury“, dt. „Vom Geldverleih“) nach Abwägen der moralischen Vorbehalte auf den wirtschaftlichen Nutzen des Geldverleihs gegen Zinsen hin. Sein Vorschlag, den Zinssatz gesetzlich auf fünf Prozent zu begrenzen, wurde Jahre später, etwa zeitgleich mit der Gründung der Bank of England, vom Parlament aufgegriffen, wenn auch mit einem Höchstsatz von (immerhin) zehn Prozent.

Das Eis war im 17. Jahrhundert gebrochen, nicht zuletzt durch die Engführung wirtschaftlicher und theologischer Diskurse, die für die Geltungsbereiche des Calvinismus vor allem in der Schweiz, England und den Niederlanden kennzeichnend wurde. Das Geld hatte eine neue Klasse hervorgebracht, deren gesellschaftlicher Einfluss und politische Macht unübersehbar zunahmen. Diese neue kapitalistische Mittelklasse war, zuvörderst in dem damals tonangebenden England, protestantisch-puritanisch und daher religiösen Grundsätzen verpflichtet, die dem merkantilen Geist in die Hände spielten. Die Prädestinationslehre wurde dahingehend ausgelegt, dass die im individuellen Leben zu suchenden Zeichen göttlicher Gnade vor allem im geschäftlichen Erfolg ablesbar seien; insofern galt die Mehrung des Wohlstands und selbst dessen ostentative Ausstellung (allerdings nicht dessen Genuss!) als Teil eines gottgefälligen Lebens, ja geradezu als Evidenz des Erwähltseins. Das Erfolgsstreben und der gleichzeitige Verzicht auf Luxus verpflichteten zu Disziplin, Fleiß und innerweltlicher Askese: Der Katechismus war vom bürgerlich-kapitalistischen Tugendkatalog nicht mehr zu trennen. Das Geld bekam auf diese Weise eine metaphysische Aura, die es bis heute zu bewahren wusste. Der Gelddiskurs lieferte die Metaphern für die Heilslehren: Sündenschulden waren zu tilgen, die Gottesvorstellungen ähnelten denjenigen eines Rechnungsprüfers, vor dem es Rechenschaft abzulegen galt, am Lebensende wurde Bilanz gezogen, auch in Sachen Heilsgewissheit wurde gefragt nach Soll und Haben. Der bürgerliche Lebensplan glich ohnehin dem kaufmännischen Kalkül von Planung und Risikoeinschätzung, Versicherung und Akkumulation.

Dieser neue Menschentypus wurde nicht nur in expositorischen Texten entworfen, sondern nunmehr nachdrücklich in der Literatur modelliert. Die Literatur reagierte damit auf die um 1700 stattgefundene „finanzielle Revolution", deren äußerer Ausdruck zum Beispiel in London das Aufblühen des Börsenviertels mit seinen zahlreichen Kaffeehäusern als Zentren des öffentlichen Lebens und die Gründung der Bank of England als Folge des erhöhten Kreditbedarfs war und deren innere Dynamik sich, wie Laurenz Volkmann gezeigt hat, in nüchternen Zahlen nachvollziehen lässt: Bis 1720 gingen allein 200 Versicherungsgesellschaften an die Börse, zwischen 1688 und 1701 stieg der nationale Reichtum Englands um 20 Prozent, im Verlauf des 18. Jahrhunderts verdoppelte sich der englische Außenhandel, und erstmals verbesserte sich erkennbar der allgemeine Lebensstandard auch der unteren Klassen.

Nicht ohne Ironie ist freilich der Umstand, dass das Parlament eine Woche vor der Gründung der Bank of England (1694) eine Lotterie im Gesamtwert von einer Million Pfund genehmigt hatte. Lotterielose und Anteilsscheine wurden vertrieben von – den Börsenmaklern der Stock Exchange. Für die konservativen Satiren des frühen 18. Jahrhunderts war die Symbiose von Aktienhandel und Lotteriespiel ein gefundenes Fressen. Das dürfte sich bis heute kaum verändert haben.

Zwei ganz Europa erfassende literarische Tendenzen beförderten diese Entwicklung: Mit dem Roman wurde eine neue Gattung geschaffen, die das Panorama des bürgerlichen Lebens in den Blick nahm, und die klassische Tragödie mutierte im bürgerlichen Geist zum „bürgerlichen Trauerspiel", die den Kaufmann zum exemplarischen Bezugspunkt des Schicksals machte. Auf den bürgerlichen Roman berief sich Goethe, von Eckermann nach seinen geistigen Urahnen gefragt; auf die „domestic tragedy" englischer Provenienz berief sich Lessing in seinen Bemühungen um ein deutsches Nationaltheater und in kongenialer Auseinandersetzung mit Denis Diderot. Zum Schlüsseltext des 18. Jahrhunderts avancierte das bürgerliche Trauerspiel des George Lillo, „The London Merchant" (1731). Schon vorher hatte Susanna Centlivres Komödie „A Bold Stroke for a Wife" (1718) das Leben im Londoner Börsenviertel abgebildet und durch vier Figuren mit den sprechenden Namen „Erster Börsenmakler" usw. Börseninterna, Spekulationsgeschäfte und Aktienkurse zum literarischen Thema erhoben. Sogar der bis heute virulente Börsenjargon findet sich dort abgebildet, wenn etwa eine der Figuren die andere fragt „Are you a bull or a bear today?".

In den frühen Dramen des 18. Jahrhunderts verschmolzen zunächst die Stereotypen des aristokratischen Lebemannes und des tüchtigen, aber tumben Bürgers zum neuen Typus des bürgerlichen Gentlemans. In Lillos Drama tritt ein „gentleman salesman" auf, der bürgerliches Ethos mit aristokratischen Manieren zu verbinden weiß. Nicht zufällig wird auch mit der für Deutschland typischen fast 100-jährigen Verspätung der Freiherr von Knigge seinen Traktat „Über den Umgang mit Menschen" (1790) an das selbstbewusste Bürgertum richten mit dem Ziel, diesem neben seinem Einfluss nun auch weltmännisch-aristokratische Lebensart zu sichern. Bald ist der „gentleman" die übliche Anrede auch für erfolgreiche Bürger, der Händler wird zum Leitbild einer Gesellschaft des Geldes.

Die Vorstellung vom Menschen als einem in einer Gemeinschaft eingebetteten, durch religiöse Gesetze gebundenen Wesen war gründlich ersetzt durch einen Individualismus, der sich von zweckrationaler Effizienz und dem eigennützigen Streben nach individuellem Wohlstand leiten lässt (Volkmann). Innerhalb eines Jahrhunderts hatte sich das Verhältnis zum Geld radikal gewandelt und entsprechend in den theoretischen und literarischen Texten der Zeit niedergeschlagen.

Nicht nur unter dem Gesichtspunkt einer protestantischen Ethik bedurfte das neue Menschenbild einer ideologischen Überhöhung. Sie kam auch von anderer Seite. Als Adam Smith in seiner „Inquiry into the Wealth of Nations" (1776) nach den Ursachen des allgemeinen Wohlstands forschte, machte er mit seiner These, dass das eigennützige Streben nach wirtschaftlichem Erfolg jene Motivationsschübe fördere, die automatisch auch zum Wohlstand des Gemeinwesens führen und daher jegliche staatliche Intervention verbieten, ökonomische und moralische Argumente deckungsgleich. Die literarische Schlüsselfigur für derartiges Denken ist Robinson Crusoe.

Überhaupt liegt die Vermittlung des neuen Menschen und dessen Einbettung in eine sich dynamisch fortentwickelnde Gesellschaft bei den ersten Romanschriftstellern in England, die mit der Gattung des Gesellschaftsromans erst den fiktionalen Entfaltungsraum für das neue Menschenbild schufen. Einer seiner Urväter, Daniel Defoe, der einer breiteren Leserschaft heute fast nur noch als Jugendbuchautor bekannt ist, hat ein umfangreiches Werk geschaffen, das aus Romanen, Benimmbüchern, Ratgebern, Handbüchern und besonders ökonomischen Schriften besteht, die manche der von Adam Smith synoptisch gebündelten Thesen von der Ablehnung staatlicher Intervention, der Erhöhung der Einkommen zur Erhöhung der Kaufkraft und weiteren Konsumanreizen oder der Theorie wirtschaftlicher Zyklen vorweggenommen haben. So sehr Defoe eine Ausnahmegestalt bleibt, so repräsentativ ist er zugleich in seinen Thesen für zahlreiche andere Romanciers und Essayisten dieses Jahrhunderts. Und bei keinem anderen ist die ökonomische Theorie mit dem religiösen Diskurs so eng verwoben wie bei ihm. Die dynamische Energie der Ökonomik wird von ihm gelesen als Ausdruck eines allgemeinen göttlichen Heilsplans. So erklärt es sich, dass die Interpretationsgeschichte des „Robinson Crusoe" (1731/32) zwischen extremen Polen pendelt: Die einen verstehen ihn als religiösen Erbauungsroman, die anderen als merkantilen Bildungsroman, wieder andere als rassistisch-imperialistisches Propagandawerk. Tatsächlich aber belegt die Vielfalt der Interpretationsmeinungen nichts anderes als die Engführung aller dieser Diskurse als jeweils konstitutive Bestandteile des neuen Menschenmodells.

Die Insel gilt in dieser Lesart als Beispiel zivilisatorischer Begabung und als von der Prädestination auferlegte Prüfung, als Spielfeld bürgerlich-kaufmännischer Fertigkeiten und als Kultstätte bürgerlich-puritanischer Tugenden von Askese, Ausdauer, Fleiß und Disziplin. Robinsons Lebensbilanz ist phänomenal: von seinen ersten hazardierenden Unternehmungen an der Küste Afrikas, die auf schnellen Profit zielen, bis zu seiner endgültigen Rückkehr in die englische Heimat als vermögender Herr, brasilianischer Großgrundbesitzer und Privatier mit einem schwindelerregenden Privatvermögen.
Es ist gewiss kein Zufall, dass gerade dieser Roman auf seinem langen Rezeptionsweg zum Jugendroman eingedampft wurde, übt er doch alle jene Tugenden ein, die den erwachsenen „mannhaften" Geist ausmachen sollen.

Der Festzug des homo oeconomicus in der Literatur des 18. Jahrhunderts spiegelt den mehrfachen Umbruch des Menschen im Verhältnis zu sich selbst und zum Geld. Wenn sich im



Denn, wie man sagt, wo Geld vorangeht, sind alle Wege offen.
– William Shakespeare –

Madame Bovary, Gustave Flaubert – Neue Oper, Moskau, 2007

049

Geld ist jener sechste Sinn, der den Genuss der anderen fünf erst möglich macht.
– Orson Welles –

Faust. Eine Tragödie, Johann Wolfgang Goethe – Berlin, 2004

050

Denn Geld und Leben sind unzertrennlich:
Geld ist die Zahlstelle, welche die soziale Verteilung des Lebens ermöglicht.
– George Bernard Shaw –

16. Jahrhundert der Übergang von der religiösen zur monetären Weltorientierung abzeichnete, so sah das beginnende 18. Jahrhundert eine finanzielle Revolution, die dem Kapitalismus eine omnipotente, systemsteuernde Macht zuschrieb und im Geld in Konkurrenz zu transzendentalen Sinnursprüngen den einzigen säkularen Quell der Sinnzuschreibung, wenn nicht gar den einzigen überhaupt, erkannte. Hatte der Bezug zum Geld den Religionsbezug zunächst zersetzt, so hatte es ihn im Verlauf eines Jahrhunderts ersetzt. Heinrich Heine und Emile Zola beschreiben zu Beginn und zum Ende des darauf folgenden Jahrhunderts die Pariser Börse als „Börsentempel" und fassen damit den Rahmen für die Literatur des 19. Jahrhunderts.

Von nun an stellt sich nicht mehr die Frage, ob, sondern nur noch inwiefern, in welcher theoretischen Durchdringung und in welcher Funktion das Geld in der Literatur thematisiert wird. Am Ende der entscheidenden Umbruchphase, also etwa 100 Jahre nach „Robinson Crusoe", kann selbst ein naives Gretchen ihre Verlorenheit auf den Begriff bringen: „Nach Golde drängt, / Am Golde hängt / Doch alles. Ach wir Armen!" (2802–4). Die folgende Antwort auf die ihr wichtigere Frage nach der Religion bleibt dagegen gezielt offen.

Nachdem die Neuzeit erkenntnistheoretisch von einer zunehmenden Unlesbarkeit der Welt auszugehen bereit war, macht das Geld den Prozess der Moderne wieder lesbar (Hörisch), jedenfalls in seiner gesellschaftlich-ökonomischen Dimension.

Kein anderer als Goethe wird zum großen ökonomischen Theoretiker. Die Worte Gretchens bilden ja nur den Auftakt. Die Frage des unbefriedigten Gelehrten nach dem, was die Welt zusammenhält, wird, wie Jochen Hörisch in seiner brillanten Analyse des „Faust" gezeigt hat, in entscheidenden Szenen beider Teile und im gesamten Handlungsbogen eindeutig beantwortet: das Geld!

Von den ersten alchimistischen Träumen des Faustus bis zu seinen Versuchen und Machenschaften als Finanzmanager arbeitet sich Faustus (und mit ihm Goethe) an diesem Thema ab, in dessen einem Zentrum die Versuchung der allzu leichtfertigen Geldvermehrung durch die kaiserliche Unterschrift auf ungedeckten Assignaten gestaltet ist, die aus Geldscheinen Scheingeld macht. „In diesem Zeichen wird nun jeder selig" (6082). Faust durchschaut diese Macht, ihre Omnipotenz wie ihre Brüchigkeit.

Das wird ein literarisches Leitmotiv des 19. Jahrhunderts, in dem die Werke zu zahlreich werden und die Facetten der Geldthematik zu differenziert, als dass wir sie im Einzelnen erörtern könnten. Der Roman als bevorzugtes Medium des lesenden Bildungsbürgertums entwickelt sich zum großen Gesellschaftspanorama, wenn auch am wenigsten noch in Deutschland. Und der bürgerliche Gesellschaftsroman wird zum Epos des Kapitals. Nicht nur dort, wo Geld und Geldbezüge den Titel stiften, wie in Gustav Freytags „Soll und Haben" oder Emile Zolas „L'Argent", sondern in allen sozialen Verhältnissen, in den Romanen Kellers und Fontanes; Austens, Thackerays und James'; Balzacs und Flauberts, Dostojewskis und Tolstois fügen sich der Menschen Bezüge zum Geld, ihre existenziellen Abhängigkeiten, ihre gesellschaftliche Anerkennung, ihre krankhaften Fixierungen, ihre gesamte bürgerliche Identität, zu Sinnbildern dieser durch nichts zu ersetzenden Macht – selbst oder gerade dort, wo es fehlt: in den Armenhäusern eines Charles Dickens oder den Spelunken der literarischen Moderne nach 1900. Sie alle verzeichnen „die Umstellung persönlicher Beziehungsreihen auf monetäre Sachzwänge" (Hörisch). Ungeheuer zeitnah erscheint uns dabei Zolas Roman „L'Argent" (dt. „Das Geld", 1891), der vor dem Hintergrund des realen Zusammenbruchs der Banque l'Union Générale spielt, welcher auch schon Maupassants literarische Fantasie („Bel Ami")



Die Regierungskunst besteht darin, so viel Geld wie möglich
einer Klasse von Bürgern zu nehmen und es einer anderen zu geben.
- Voltaire -

angeregt hatte. Die spitzfindigen Geldgeschäfte vermeintlich genialer Finanzgurus, die globalen Machtsysteme einflussreicher Banken, die bereitwillige Komplizenschaft der geldgierigen Opfer und deren infernalisches Geheule nach dem Zusammenbruch, die kleinen Finanzgauner als Trittbrettfahrer der großen und die ideologisch-religiöse Überhöhung der Transaktionen durch eine hinter allem stehende (hier: katholische) Großbank – all das hätte ebenso gut 117 Jahre später geschrieben werden können.

Entzog sich die Materialfülle des 19. Jahrhunderts bereits der eingehenden Paraphrase, so gilt dies verstärkt für das 20. Jahrhundert. Hier kommt als weiterer Impuls der Beitrag des amerikanischen Romans hinzu, der eine Welt entwirft, in der das Kapital sich nicht einmal mehr verschämt zu nobilitieren versucht, sondern ein radikal banalisiertes puritanisches Leistungsethos mit der Antwort auf die offen gestellte Frage „How much do you make?" den Personalausweis ersetzt.

Heute lautet die in unserem Zusammenhang interessante Frage allenfalls: Wird etwas dagegengesetzt? Und was könnte das sein? Nun, kritische Perspektiven, auf deren Darstellung wir weitgehend verzichtet haben, gibt es zuhauf. Nicht nur in den konservativen Satiren des 18. Jahrhunderts, sondern in der ebenso wichtigen gesellschaftskritischen Romanliteratur des 19. und 20. Jahrhunderts. Die ursprüngliche, von breiten Kreisen des Bürgertums geteilte Ablehnung der Armut als Zeichen moralischer Unvollkommenheit oder individueller Leistungsverweigerung wurde bereits in den Romanen von Dickens differenzierter beurteilt, die sozialkritische Literatur seit dem Naturalismus tat ein Übriges. Die bereits um 1600 erkennbare „Armutsschere" deutete weitsichtigen Skeptikern an, dass ein steigender Wohlstand aller bei gleichzeitiger Reichtumsexplosion aufseiten einiger nicht unbedingt den allgemeinen Gerechtigkeitserwartungen entsprach; und der optimistische Glaube an die Selbstheilungskräfte eines sich selbst regulierenden Marktes konnte die Ängste und Nöte der Abhängigen zu Zeiten von Wirtschaftskrisen nicht mildern. Und neben den existenziellen Vorbehalten machte sich zunehmend auch ideologische Skepsis, wenn auch auf unerwartetem Feld, geltend. In den „Buddenbrooks" wird der Preis des bilanzorientierten Kaufmannslebens „bilanziert": als Unvereinbarkeit von kaufmännischer Zweckrationalität und ästhetischer Sensibilität. Auch dieser Ansatz ließe sich fortschreiben – als Studie über die Geldfeindlichkeit in der Literatur.

In der Literatur gegen Ende des 20. Jahrhunderts zeichnet sich eine neue Tendenz ab, die vielleicht die Bezeichnung „postmodern" verdient. Abgesehen von den unzähligen Börsen-, Banken- und Geldromanen der 80er- und 90er-Jahre, die ihre Thematik oft plakativ annoncieren, macht sich ein neuer theoretischer Impuls geltend, besonders in Dramen der jungen Generation deutscher und britischer Dramatikerinnen. Darin schlägt das Geld von seiner alles umfassenden Bedeutung als alleiniger Orientierungspunkt qualitativ um: Protagonist ist nicht mehr der Mensch, der daran bemessen wird, in welchem Maß er über das Geld verfügt, sondern das Geld, das über den Menschen verfügt. Der Mensch erscheint als Ware, die für Geld verfügbar ist und/oder deren Wert an ihrer Konsumkraft gemessen wird. Fällt beides negativ aus, spricht die Soziologie mittlerweile von „funktionaler Irrelevanz", die zu ganz neuen Formen der Entfremdung und Ausgrenzung führt. In dieser Sichtweise hat sich das Geld verselbstständigt, so wie in manchen technologischen Science-Fiction-Werken der Computer seinen Programmierer an Intelligenz übertrifft. Mit dieser Anthropomorphisierung des Geldes hätte das humanistisch definierte Subjekt seine Selbstentmächtigung unterzeichnet.

Buddenbrooks, Thomas Mann – Bregenz, 2008



In der ersten Hälfte unseres Lebens opfern wir die Gesundheit, um Geld zu erwerben,
in der zweiten Hälfte opfern wir unser Geld, um die Gesundheit wieder zu erlangen.
- Voltaire -

Sabine Wienker-Piepho

# NUR BARES IST WAHRES

## AUCH WER KEINES HAT, REDET DARÜBER: GELD UND GOLD IM SPRICHWORT

Sprichwörter und sprichwörtliche Redensarten sind eine in Kurzform gefasste „sprachliche Fertigware". In den verschiedenen Nationen, Ethnien und Kulturen gewichtet der Volksmund das Themenspektrum Geld, Gold und Glück zwar unterschiedlich, aber die Abweichungen sind doch recht gering.

Viele der Sprichwörter sind jahrhundertealt und bedürfen deshalb oft einer kulturhistorischen Erklärung, zumal sie immer schon im übertragenen Sinne angewandt wurden. Die meisten sind „Wahrwörter" oder „Weisheiten", also Lebensregeln, die sich zumeist auf das menschliche Handeln beziehen. Differenziert wird im Sprichwort nicht. Als „fixierte Wortgefüge", als Slogans, Parolen oder Schlagworte, als „phraseologische Einheiten" haben sich diese Aussprüche in unseren Köpfen festgesetzt. So leben sie weiter, obschon ihre Bildlichkeit kaum noch verstanden wird, denn nicht selten stammen sie aus erstarrten Sprachschichten.

Beim Sprichwort ist auch die Form bedeutsam. Die altertümlichen Weisheiten werden nur phraseologisch weitergegeben, als satzartige Formeln, obgleich der ursprüngliche Sinn uns längst entglitten ist: „Nicht viel Federlesens machen", „eine Scharte



Never marry for money, but marry, where money is.
(Englisches Sprichwort)

auswetzen", „eine Kurve kratzen", „sein Licht unter den Scheffel stellen" – wer versteht das noch wirklich? Natürlich ist nicht jedes Sprichwort ein „geflügeltes Wort".

Seit Aristoteles wird am Sprichwortgebrauch auch Kritik geübt, denn allzu oft sind die Bilder und Metaphern eines Sprichwortes zum Klischee, zum Stereotyp, zur Schablone oder zum unverrückbaren Vorurteil erstarrt, gegen das Argumente kaum noch ankommen. Untersuchungen zur Verbreitung des Sprichwortgebrauchs in den einzelnen Gesellschaftsschichten zeigen übrigens, dass dessen Anwendungshäufigkeit mit dem steigenden Bildungsgrad des Sprechers abnimmt.

Das gilt auch für Sprichwörter zu Gold und Geld. Aber interessanterweise ist diese Gruppe nicht weiter erklärungsbedürftig. Offenbar hat sich das Verhältnis des Menschen zum Besitz und zum Umgang mit Edelmetall und Zahlungsmittel nicht wesentlich verändert. Da legt jemand etwas auf die Goldwaage, wenn er ganz genau das Für und Wider einer Sache prüfen will oder Gesagtes allzu genau nimmt. Diese Bildlichkeit versteht man auch heute noch gut. Viele Goldphrasen sind international verbreitet, vielleicht auch, weil sie wörtlich übersetzbar sind? Der amerikanische Sprichwortforscher Archer Taylor hat dies in den 50er-Jahren an dem Beispiel „All is not gold that glitters" („Es ist nicht alles Gold, was glänzt") gezeigt. In vielen Sprachen verbreitet ist auch die Redewendung „Jemanden mit Gold aufwiegen" (frz. „Il vaut son pesant d'or"). Sie scheint sehr alt zu sein, wird sie doch auf ein Plautus-Zitat zurückgeführt: „Hunc hominem decet auro expendi." Genauso international und archaisch ist es, wenn man jemandem „goldene Brücken baut" oder „goldene Berge verspricht", ebenso weit verbreitet ist das Schweigen, das im Gegensatz zum silbernen Reden Gold ist.

Da Gold ursprünglich mit göttlichen, heiligen Werten in Beziehung gesetzt wurde, erscheint es im Sprichwort (wie im Märchen) als Symbol für innere Werte. Daher auch das „goldene Herz" und der Vergleich „treu wie Gold". Diese Wendung könnte in Verbindung mit dem Symbol des goldenen Fingerringes entstanden sein.

Große Dichter und Denker haben viel über das Thema nachgedacht, redensartlich wurde es aber vor allem, wenn die Bedeutung des Goldes als Wertgegenstand gemeint war: „Es ist nicht alles Gold, was glänzt", „mit einem goldenen Löffel im Munde geboren werden", sich „einen Goldfasan einfangen" oder „einen Goldfisch angeln", „ein goldenes Kalb anbeten". Goldredensarten beziehen sich nicht selten auch auf das künstlich Aufgewertete, das Vergoldete, wie z. B. die Wendung „goldene Kinderzeit" nahe legt, die von Erwachsenen gebraucht wird, um die Vergangenheit in ihrer Erinnerung zu „vergolden". Vieles bleibt merkwürdig janusköpfig, etwa das „goldene Zeitalter". Ist es nicht rätselhaft, warum die Deutschen sich an die „goldenen Zwanziger" erinnern? Warum mögen sie wohl in England „Roaring Twenties" heißen? Und was sind eigentlich „goldene Worte"?

Im Volksmund ist Geld im Vergleich zum ambivalenten Gold viel eindeutiger konnotiert. Es regiert zwar die Welt, und manch einer hat es wie Heu, aber durch das bekannte Dukatenmännchen oder den Esel ist es doch mit der Aura von Fäkalien umgeben. Diese menschliche Wunschvorstellung von einem Tier, das bei Bedarf „Geld scheißt", ist vielfach dargestellt worden, aber ebenso der Geld produzierende und dieses überaus listig verteilende Teufel. Allein diese Vorstellung verheißt nichts Gutes. Wer Geld und Gut hat, verfügt redensartlich zwar über Reichtum und Besitz, und Geld regiert die Welt, aber doch gibt es viele Dinge, die eben gerade nicht mit Geld und guten Worten oder um alles Geld der Welt zu erwerben sind. Geld ist etwas so Zweifelhaftes, dass bei ihm die Gemütlichkeit aufhört, ja, für sensible Menschen ist Geld letztlich etwas derart Peinliches, dass es mit Begriffen wie Moneten, Mäuse, Penunze, Knete, Zaster, Piepen oder Kohle umschrieben wird. Geld hat man, aber man spricht nicht drüber ...

Das alles verheißt trotz des sprichwörtlichen Glückspfennigs nur wenig Glück, auch wenn mit einem mit Glücksgütern reich gesegneten Menschen redensartlich einer gemeint ist, der in besten materiellen Verhältnissen lebt. Glück, das ebenso leicht zerbricht wie Glas, hat, anders als das Gold, mit Geld herzlich wenig zu tun ...



Geld ist nicht alles; gewöhnlich ist es nicht einmal genug.
(Sprichwort)

Uli Röhm

# Das Geschäft mit dem Notgeld

## Wo kleine Münzen fehlen, folgen große Unruhen

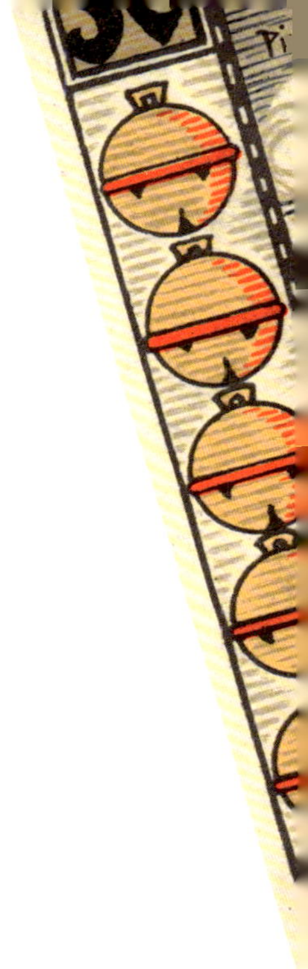

Münzen mit den kleinen Werten sind für die meisten Menschen eher lästiger Ballast, als dass sie den runden Metallstücken im Geldbeutel eine größere wirtschaftliche Bedeutung beimessen. Jedoch nur so lange, wie sie in den Taschen klimpern. Sobald das Hartgeld knapp wird, es keine Groschen mehr gibt, Einzelhändlern die kleinen Münzen fehlen und sie über kein Kleingeld mehr verfügen, das als Wechselgeld herausgegeben werden kann, können die Folgen verheerend sein. In kürzester Zeit kommt jede Art von Handel zum Erliegen. Haben Bürger Angst, die Dinge des täglichen Bedarfs nicht mehr kaufen zu können, dann dauert es nicht sehr lange, bis soziale Unruhen ausbrechen.

So hat gerade das kleine Geld großen Einfluss auf unser Wirtschaftssystem und den Zusammenhalt der Gesellschaft. Kurz nach Beginn des Ersten Weltkriegs hatte der Staat den Kleingeldmangel sogar selbst ausgelöst. Die damalige Regierung sammelte in den Frontgebieten Elsass und Ostpreußen, aber auch in Oberschlesien und im Ruhrgebiet, die dort vorhandenen Münzen als wertvolles kriegswichtiges Metall ein und ließ sie schmelzen, weil die Rüstungsindustrie das Metall brauchte. Folglich war es der Reichsbank nicht mehr möglich, die Bevölkerung flächendeckend mit Zahlungsmitteln zu versorgen. Die Inflation wuchs, ebenso die Unsicherheit der Bürger – denn dort, wo die kleinen Münzen in den Geldbörsen fehlten, wurde aus Angst nur noch wenig gekauft.

Um Unruhe in der Bürgerschaft zu vermeiden, druckten Städte eigenes Notgeld und brachten es als Ersatzgeld in Umlauf. Die Notmünzen und Notscheine – das Kriegsgeld – hatten allerdings nur eine begrenzte Gültigkeit für den Zahlungsverkehr vor Ort.

Dies war keine deutsche Erfindung. Solches Notgeld gab es auch schon früher in anderen Ländern. Immer wenn Geld knapp wurde und die Bevölkerung nicht mehr mit Zahlungsmitteln versorgt werden konnte, brachte die jeweilige Staatsmacht Ersatzgeld in Umlauf. Ein Selbsterhaltungstrieb, denn die Regierungen hatten Angst, andernfalls gestürzt zu werden. Das war im frühen England der Fall und ebenso während der Französischen Revolution. Mit den billets de confiance versuchte die Regierung, die Bevölkerung zu besänftigen, so wie es auch während des amerikanischen Bürgerkriegs geschehen war.

Die allgemeine Achtung … isation,
die einzi…

Wie schnell ein Staat die Kontrolle über sein Geld verlieren kann, offenbarte in Deutschland besonders eindrucksvoll die Zeit zwischen 1914 und 1923. Die Reichsregierung musste hilflos zusehen, wie die Kriegsfinanzierung zu einem rapiden Wertverlust des Geldes führte. Neben gedruckten Scheinen wurden Porzellan, Pappe, Leder, Presskohle, Seide oder Leinen ausgegeben. In einigen Fällen wurden sogar Spielkarten zu Notgeld umfunktioniert.

Rasch entwickelten sich die billigen Scheine zu beliebten Sammlerobjekten. Geschäftstüchtige Kommunen und Unternehmen begannen, das Notgeld als variantenreich gestaltete Geldscheine direkt für den Sammlermarkt zu produzieren. Aus der Not wurde eine Tugend, aus Serienscheinen „Sammlergeld", reine Finanzierungsinstrumente der Emittenten. Für Hotels, Restaurants und Firmen stellte das Notgeld mit viel Lokalkolorit ein einfaches und vor allem billiges Werbemittel dar. Es wurde nicht mehr für den Umlauf, sondern gleich direkt für Sammler gedruckt und ausgegeben. Das Konzept funktionierte – die grafisch teilweise sehr aufwendig gestalteten Serien brachten beträchtliche Gewinne. Davon profitierte auch die Druckbranche. Vielen Grafikern und Designern, die in dieser Zeit ohnehin am Hungertuch nagten, verhalfen diese Aufträge zu Lohn und Brot, sie machten das Notgeld zu begehrten Kleinkunstwerken. Unter den Abbildungen finden sich darüber hinaus viele rührend naive Illustrationen von Hobbykünstlern.

Die Motive sind zahllos: Gebäude und Wappen, Märchenserien, Volksweisheiten zum Schmunzeln, aber auch politische Propaganda. Anfangs waren die Scheine betont nüchtern, später wurden zeitkritische Bezüge bei den bildlichen Darstellungen immer häufiger. Manches Notgeld wurde mit politisch äußerst fragwürdigen regionalen Besonderheiten bedruckt. Die Kleinstadt Sternberg im heutigen Mecklenburg-Vorpommern z. B. druckte nach dem Ersten Weltkrieg Geldscheine, auf denen eine Hostienschändung durch Juden zu sehen war, die sich dort im Jahre 1492 ereignet haben soll.

Geld – tragbares Eigentum.
(Sprichwort)

Die Phönizier haben das Ge
(S

Die Reichsbank betrachtete die massenweise Verbreitung dieses Geldes, das in Wirklichkeit keines war, mit wachsendem Unbehagen, zumal sich mehr und mehr zwielichtige Spekulanten in diesem nahezu risikolosen Geschäft tummelten und Profit machten. Die Reichsbank kapitulierte und musste tatenlos zusehen, wie neben dem offiziellen Geld das „Nebengeld" die Inflation immer weiter anheizte. Im Juli 1922 war dann Schluss mit dem Notgeldunwesen. Der Reichstag verabschiedete ein Gesetz, das empfindliche Strafen für all diejenigen vorsah, die weiterhin privates Geld in Umlauf brachten.

In der Hyperinflation nach dem Ersten Weltkrieg kursierten bis zum Sommer 1923 über 80 000 unterschiedliche Notgeldscheine. Das in der Hochinflation 1922/23 von Reichsbank, Firmen, Kammern und Verbänden ausgegebene Papiergeld konnte gegen den dramatischen Wertverfall der Mark nichts ausrichten.

All dies war allerdings nur eine Zwischenstation auf dem Siegeszug des Fantasiegelds. Der Notgeld-Boom blühte im Zuge der nachfolgenden Inflation erst richtig auf, als Geldscheine im Wettlauf mit den außer Rand und Band geratenen Nullen für Millionen, Milliarden und Billionen Deutschland und seine Währung ins Chaos stürzten.

Es dauerte nicht lange, bis diese noch gültigen, aber völlig entwerteten Banknoten als Werbeträger für politische Tagespropaganda benutzt wurden. Die geniale Idee: Jeder bückt sich nach dem Geld, das auf der Straße liegt. Die Banknoten mit der täglich wachsenden Zahl von Nullen waren das billige Druckpapier, auf dem politische Parteien und Gruppierungen ihre Propaganda druckten. Prägnant, satirisch, zumeist aber den politischen Gegner perfide diffamierend. Besonders häufig nutzten antisemitische Parteien das neue Propagandamedium. Für sie stand fest, wer die Bevölkerung ins Elend gestürzt, um Haus, Hof und sämtliche Spareinlagen gebracht hatte – Schieber und Spekulanten, Juden und Bolschewisten.

Im September 1923 tauchten in Stuttgart erstmals alte 1.000-Mark-Scheine mit Spottaufdrucken auf. Bald schon wurden die Texte deutlich aggressiver: „Der Jude nahm uns Silber, Gold und Speck / Und gab dafür uns den papiernen Dreck!" Wahlen standen vor der Tür, und die nationalsozialistische Propagandamaschinerie lief auf Hochtouren. Nun wurde zum Mittel der Judenkarikatur gegriffen. Die Abbildungen auf den Geldscheinen sollten die Angst der Wähler schüren. Mit den Propagandageldscheinen wurde dazu aufgefordert, bei anstehenden Wahlen „völkisch" zu wählen, Adolf Hitler und seine NSDAP.

Mangelt im Beutel die Barsc
(Lateinisches

# Die Doppelschlacht von Jena und Auerstedt

Die Doppelschlacht von Jena und Auerstedt vom 14. Oktober 1806 besiegelte Preußens Niederlage gegen Frankreich. Drei preußische Festungen setzten dem napoleonischen Heer noch Widerstand entgegen – Cosel in Schlesien, Graudenz in Westpreußen und Kolberg in Pommern. Im März 1807 begann die französische Belagerung Kolbergs. Sie fand am 2. Juli ihr Ende, ohne dass die Festung erobert werden konnte.

In dieser Situation war bereits nach kurzer Belagerungszeit das Bargeld verschwunden. Vor allem fehlte es an Kleingeld. Festungskommandant Major Neidhardt von Gneisenau (1760–1831) versuchte vergeblich, von den Bürgern eine Zwangsanleihe aufzunehmen, „wozu zwar die Armen ihr Scherflein willig darbrachten, während die großen Kapitalisten dermalen nicht zu Hause waren“, wie der legendäre Bürgerrepräsentant und Seefahrer Joachim Nettelbeck (1738–1824) später urteilte. Als sich dann auch noch ein Kaufmann weigerte, auf eine preußische 5-Taler-Banknote Wechselgeld herauszugeben, musste schnell eine Lösung gefunden werden. Die zündende Idee hatte Seefahrer Nettelbeck. Im Winter 1772/73 war er als Kapitän eines Sklavenschiffes in der niederländischen Kolonie Surinam (Guayana) gewesen, wo halbierte Spielkarten als Geld kursierten. Rasch wurden nun in Kolberg Packpapierbogen mit Schreibpapier überklebt und von Schülern des Lyzeums mit schwarzer, roter und hellblauer Tinte, je nach Nominalwert, beschriftet. Mit Unterschriften der Mitglieder der Finanzkommissionen versehen und mit dem Gouvernementssiegel beglaubigt, kamen sie gestückelt zu 2-, 4- und 8-Groschen in den Zahlungsverkehr. Die Gesamtauflage sollte 30.000 Taler betragen, belief sich aber nur auf 5.200 Taler. Nach Beendigung der Belagerung wurden die Kupons wieder gegen Bargeld zurückgetauscht und größtenteils verbrannt. Der Einlösung entgingen Kupons im Wert von 88 Talern 6 Groschen.

Mit … Geld aus anderer Taschen ist leicht zu zahlen
(Spanisches Sprichwort)

# Assignaten der französischen Revolution

1789 wurden in Frankreich für eingezogene Güter des Klerus, des Königs und des ausgewanderten Adels als verzinsliche Obligationen auf Staatsbesitz Assignaten an Gläubiger ausgegeben. Davon druckte der Staat immer mehr neue unverzinsliche Serien in immer größeren Stückzahlen. So wandelten sich die Papiere vom sicheren Schuldschein zum inflationären Papiergeld und heizten die Inflation an.

Das Metallgeld verschwand und das Papier dominierte den Geldumlauf. Die Druckerpressen liefen mit voller Kapazität. 1793 setzte der völlige Kurssturz ein. 1795 konnten Passanten in Paris am Boulevard de la Madeleine auf einem Plakat lesen: „Republik für geringen Preis in Münzgeld zu verkaufen." Die fortschreitende Entwertung konnte man halbstündlich notieren. Naturalwirtschaft und Tauschhandel florierten. Der Staat war bankrott.

Französische Revolutionstruppen brachten die Assignatenwährung an den Rhein, dort aber sang man:

„Von Lumpen ward ich einst gemacht,
Von Lumpen an den Rhein gebracht,
Aus Lumpen nährten Lumpen sich,
Und mancher wird ein Lump durch mich."

Als 1796 der Kurswert der Assignaten bei 0,5 Prozent des Nennwertes lag, lautete eine Empfehlung: „Man gehe mit 24 Livres zur Vorhalle des Palais Egalité, kaufe dafür Mandate für 35 Sous pro Hundert, wechsele diese Scheine gegen Assignate im Verhältnis von 3.000 Livres für 100 Francs. Das sind 9.000 Scheine in 900 Bogen, die insgesamt 1.800 Geviertfuß [ca. 190 m²] Fläche haben. Auf diese Weise kommt man zu einer billigen und noch dazu patriotischen Tapete." Solche Assignatentapeten sollen noch in der Mitte des 19. Jahrhunderts in manchen französischen Häusern zu finden gewesen sein.

ASSIGNAT
de CINQ livres.
Baillet
Série 20542.
ASSIGNAT
de CINQ livres.
Bertin
Série 20542.
ASSIGNAT
de CINQ livres.
Dénis
Série 20542.
ASSIGNAT
de CINQ livres.
Drouet
Série 20542.
ASSIGNAT
de CINQ livres.
Lenoir
Série 20542.
ASSIGNAT
de CINQ livres.
Lasceux
Série 20542.
série 1853
RÉPUBLIQUE FRANÇAI
Assignat
de quatre cents li
400
RÉPUBLIQUE 10000. FRANÇAISE
ASSIGNAT
de dix mille franc
créé le 18 Nivôse l'an 3 de la RÉPUBLIQUE
Hypothéqué sur les DOMAINES NATIONAUX
Numéro 105
Série 334.
LA NATION RECOMPENSE LE DÉNONCIATEUR.
DU 19 JUIN 1791.
NATIONAUX
par le décret de l'Assemblée Nationale sanctionné par le Roi.
CINQUANTE liv.
quante livres à la Caisse de l'Extraordi-
7 Avril, 29 Septembre 1790, et 19 Juin 1791.
50

Uli Röhm

# Blüten
# *oder Ein Fall fürs BKA*

*Banknotenfälschungen – Verschlusssachen aus dem Raritätenkabinett der Falschgeldstelle der Deutschen Bundesbank*



Geld verdirbt den Charakter – vor allem, wenn man keins hat.
(Sprichwort)

Was soll das Geld, das nicht wandert durch die Welt?
(Deutsches Sprichwort)

*Politische Propaganda*

*Sieht aus wie Geld, massenhaft gedruckt und wie Flugblätter verteilt. Solche Exemplare wurden als echte Banknoten in Zahlung genommen. Wer Drucksachen verbreitet, die mit Papiergeld verwechselt werden können, riskiert eine Geldbuße bis zu 10.000 Euro.*



Vom Wünschen wird man nicht reich.
(Jüdisches Sprichwort)

## *Falscher Druck auf echtes Geld*

*Die größte Hürde für Geldfälscher ist das Banknotenpapier. Gelddruckpapier ist griffig und fest und besteht aus reiner Baumwolle. Nachgemachte Geldscheine sind lappig oder glatt und werden dadurch schnell entdeckt.*

*Dieses Hindernis versuchten Geldfälscher ganz raffiniert zu überwinden, indem sie ihre Fälschungen auf echte Geldscheine druckten. Die Falschgelddrucker besorgten sich in Suriname, einer ehemaligen niederländischen Kolonie in Südamerika, Suriname-Gulden. Für 1 Dollar gab es 1000 Scheine Suriname-Gulden. Das Papier fühlt sich echt an und sieht aus wie ein 100-Euro-Schein. Reinfallen kann aber nur, wer sich das Falschgeld in dunklen Spelunken andrehen lässt.*



Geld verdirbt den Charakter. Vorausgesetzt, dass man einen hat.
(Sprichwort)

*Blütenrembrandt*

*Mehr als 150 Exemplare der 1.000-DM- und 500-DM-Scheine zeichnete der Grafiker Günter H. in den 70er-Jahren des letzten Jahrhunderts mit Zeichentusche per Hand. Seine Blüten waren wahre kleine Meisterwerke. Das nötige Wissen hierfür eignete er sich in einer Ausbildung als Chemiegraph und Tiefdruckätzer an. Nach der Lehre besuchte er die Akademie des graphischen Gewerbes und der bildenden Kunst in München und verfeinerte sein handwerkliches Können. Im Jahr 1973 flog der Fälscher auf. Nach eigenen Angaben brauchte der „Blütenrembrandt" für einen Schein acht Stunden. Das entspricht einem Stundenlohn von 125 DM. Verurteilt wurde er zu vier Jahren Gefängnis.*

gkeit gesichert.
gt, das Mittel zur Knechtschaft.

Von jetzt an werde ich nur noch so viel ausgeben, wie ich einnehme.
(Sprichwort)

Geld ist die Frucht, die immer reif ist.
(Englisches Sprichwort)

## *Ein Geldfälscher ist auch nur ein Mann*

*Insgeheim zollen die Falschgeldexperten der Bundesbank einem bestimmten Fälscher noch heute großen Respekt. Seine blauen 100-DM-Scheine mit dem Konterfei des Kosmographen Sebastian Münster wirkten wie echt. Auch wenn sich im Notenbild links oben ein kleiner Klecks befand und der Bart von Sebastian Münster ein bisschen fleckig wirkte, beim Bezahlen ist das niemandem aufgefallen. Im Laufe der Jahre tauchten immer mehr der Blüten auf. Die Polizei konnte das Falschgeld zwar einsammeln, aber niemand kam dem Fälscher auf die Spur.*

*Das Drucken von Falschgeld ist oft einfacher als das Verteilen. Raffiniert verwischte er seine Spuren. Geschickt verstreute er die Hunderter im ganzen Bundesgebiet. Nürnberg – München – Düsseldorf – Hamburg – Koblenz – Frankfurt. Ein paar hier, ein paar da. Hergestellt hat sie Horst B., Besitzer einer kleinen Druckerei im Westerwald.*

*Kurz vor Weihnachten 1970 fährt er nach Frankreich, um dort groß einzukaufen. Die Nacht über vergnügt er sich mit einer Prostituierten in Straßburg. Beim Sex setzt das Hirn aus, der Freier wird leichtsinnig. Großzügig spendet er seiner Gespielin am Morgen danach 2.000 DM Trinkgeld extra. Nur dumm: 18 der 20 Hunderter haben die gleiche Seriennummer. Autsch! Die Dirne zeigt ihn an. Seinen Namen kennt sie zwar nicht. Aber sie kann ihn beschreiben – bis ins kleinste Detail. Das reicht. Ein Zollbeamter in Kehl erinnert sich an den Grenzgänger und gibt den entscheidenden Hinweis. An Heiligabend wird er zu Hause festgenommen, die Polizei stellt weitere Blüten sicher. Am Ende waren es 27 000 Stück im Wert von 2,7 Millionen DM. B. wandert in den Knast. Die größte Falschgeldaffäre nach dem Zweiten Weltkrieg ist zu Ende.*

Wer alles bloß des Geldes wegen tut, wird bald des Geldes wegen alles tun.
(Sprichwort)

## *Herrennoten*

*300 Euro soll der Schein wert sein. Mit nackten Frauen als Motiv ist die Banknotenimitation verziert. Für 1 bis 2 Euro das Stück werden solche Blüten kurz nach der Einführung der neuen Eurowährung als so genannte Herrennoten verkauft. Experten bestätigten, die Papierqualität der Scheine sei täuschend echt.*

*Obwohl durch den aufgedruckten Betrag von 300 Euro offensichtlich als Fälschung erkennbar, wurden mit solchen Fantasiescheinen mehr als 50 Mal Kleinigkeiten eingekauft. Wer auf diese Weise beispielsweise 2,85 Euro für ein Päckchen Kaugummi bezahlt und 297,15 – echte – Euro Wechselgeld zurückbekommen hatte, der machte ein lukratives Geschäft. Aber kein legales. Eine Bäckereiverkäuferin wurde erwischt, als sie in einem Kaufhaus mit dem 300-Euro-Schein zahlen wollte. Das Gericht verhängte eine Geldbuße von 500 Euro.*

Mit seinem Geld begnügt sich keiner, mit seinem Verstand jeder.
(Jüdisches Sprichwort)

ESSO
Selbst Tanken
FRAU DÖLLING! ES GIBT KEINE DREIHUNDERT-EURO-SCHEINE!
WIE KANN MAN NUR SO... IST IHNEN DAS MOTIV MIT DEN NACKTEN FRAUEN NICHT MERKWÜRDIG VORGEKOMMEN?
WIESO? HÄTT' JA AUCH EIN FRANZÖSISCHER ODER BELGISCHER SEIN KÖNN! WER SOLL SICH DENN DA NOCH ZURECHTFINDEN?
ESSO Shop
Tiger Wäsche
Super
Benzin
...DIE ZWEIHUNDERTDREIUNDNEUNZIG EURO WECHSELGELD ZIEHE ICH VON IHREM GEHALT AB! NOCH SO EIN VORFALL UND SIE FLIEGEN, KLAR?
...HIER, ICH HABS PASSEND!
MOMENT! DEN HIER NEHM ICH...
UND DEN!
DEN NICHT!
WIESO? IS'N ITALIENISCHER EURO!
...KÖNNTE ABER FALSCHGELD SEIN! WIR NEHMEN NUR DIE DEUTSCHEN EUROS AN!
DEN...
UND DEN...
DEN NICHT!
FRAU DÖLLING!
ESSO
Selbst Tanken
ESSO Shop
ESSO Snack & Shop 24 Stunden
Esso
Diesel
0,759
Benzin
0,939
Super
0,759

# BANKRÄUBER

## ODER DIE SINNLOSE ART GELD ZU BESCHAFFEN

Tarik Ahmia

Richard Horn ist ein Mordskerl: 1,92 Meter groß, muskulös wie ein Ringer und kein einziges graues Haar im vollen Schopf. Nur die Brille gegen Alterssichtigkeit deutet an, dass Horn bald 60 Jahre alt wird. Dieser Mann trieb früher selbst abgebrühten Zielfahndern der Polizei den Angstschweiß auf die Stirn. „Gefährlich, bewaffnet, schießt sofort" lautete die Beschreibung, die dem notorischen Schwerverbrecher vorauseilte. Heute lebt er in Niedersachsen, und sein wahrer Name ist für diese Geschichte ohne Bedeutung. Wegen Banküberfällen und Einbrüchen verbrachte Richard Horn insgesamt 27 Jahre hinter Gittern. Doch für romantische Heldengeschichten taugen diese Taten nicht, sagt der geläuterte Berufsverbrecher. 19 Jahre seiner Haft verbüßte Horn allein wegen Banküberfällen, davon viele Jahre in Hochsicherheitstrakten. Immer wieder ist er ausgebrochen. Wie, das bleibt bis heute sein Geheimnis.



Geld verdirbt nur den Charakter, der bereits verdorben ist.
(Sprichwort)

077

Reich an Geld heißt arm an Freude
(Sprichwort)

078

Geld ist eine Sprache, und wie immer du sie gebrauchst: Sie verrät dich.
(Sprichwort)

Horns kriminelle Karriere zeichnet sich schon früh ab. Seine Kindheit ist von Armut, Aggression und Gewalt geprägt. Mit sechs Jahren reißt er zum ersten Mal von zu Hause aus, nachdem ihn seine Mutter an die Heizung gekettet hat. Wenn der Vater mal daheim ist, tritt er brutal auf. Das Umfeld schaut weg. Mit acht Jahren lassen die Eltern Richard ohne Ankündigung vom Jugendamt abholen. Mehr als zwei Jahre verbringt er in einer „freiwilligen Heimerziehung". Dort, im ostfriesischen Schillig, wird Richard sexuell missbraucht.

Schon als Kind hat er 35 Einträge im polizeilichen Führungszeugnis, meist als Autoknacker. Kaum strafmündig, landet er im Gefängnis. Horn bekommt 18 Monate Jugendhaft, weil er bereits mit 15 Jahren am großen Rad drehen will: Zusammen mit älteren Kumpanen knackt er mit Kernbohrer und Schweißgerät den massiven Panzerschrank einer Auslieferungsfirma in Dortmund. „Auf einmal hatte ich 100.000 Mark und wusste nicht, was ich damit machen sollte. Am liebsten hätte ich mir Kaugummi gekauft. Ich war so naiv."

Horn findet Geschmack am Verbrechen. „Durch meine Straftaten wusste ich, wie ich einfach zu Geld komme, ohne mich groß anzustrengen." Es war sehr bequem. Der Anstaltsleiter seiner ersten Jugendhaft verabschiedet ihn mit den Worten: „Richard, für dich sehe ich schwarz." Er sollte für lange Zeit Recht behalten. Die nächsten 25 Jahre sind bestimmt von krimineller Geldbeschaffung und ihren Folgen. Das Gefängnis wird zur zuverlässigen Größe in seiner Biografie.

Ein Teufelskreis. Kaum aus der Haft entlassen, folgt die nächste Tat – und kurz darauf die nächste Verhaftung. „Ich brauche Geld, ich muss leben, ich muss irgendwo schlafen." Die Strafen summieren sich zu immer längeren Haftzeiten für Einbrüche und Diebstähle. Insgesamt fünf Mal bricht er aus.

Als er 1980 wieder einmal auf der Flucht ist, überfällt Horn seine erste Bank. Ein spontaner Entschluss. Horn betritt mit einer Waffe in der Hand die Volksbank am Braunschweiger Bahnhof. „Für mich war das aus der Not geboren." Er bedroht die Kassiererin. Der Moment hat sich auch in seine Erinnerung eingebrannt. „Ich glaube, ich hatte mehr Herzklopfen als die Frau. Wenn sie gesagt hätte: ‚Schieß doch', wäre ich gegangen." In Wirklichkeit hält Horn eine Schreckschusspistole in der Hand. „Aber das wusste sie ja nicht. Was ich da für einen Schaden angerichtet habe, habe ich erst sehr viel später begriffen. Damals wäre ich zu allem fähig gewesen, nur um aus meiner persönlichen Situation zu flüchten", sagt Horn heute. Er erbeutet ein paar Tausend Mark und entkommt zu Fuß.

Eine Tat wie aus dem Lehrbuch der Kriminologie. 95 Prozent aller Bankraube werden nach Angaben des Bundeskriminalamtes von Männern begangen, in zwei Dritteln aller Fälle drohen die Täter mit einer Schusswaffe. Die Chance, mit einem Bankraub straflos davonzukommen, ist gering: Während die Polizei bei Überfällen auf Spielhallen oder Tankstellen nicht einmal jeden zweiten Täter überführt, werden rund 70 Prozent aller Überfälle auf Banken und Postfilialen aufgeklärt. Es ist ein zunehmend antiquiertes Verbrechen: Die Anzahl der Banküberfälle ist in Deutschland seit den 90er-Jahren auf weniger als die Hälfte zurückgegangen. Im Gegenzug hat der Betrug mit EC- und Kreditkarten rapide zugenommen.

Der klassische Bankraub ist in der Regel ein vergleichsweise dilettantisch durchgeführtes Verbrechen. 40 Prozent aller Bankräuber bereiten ihre Tat weniger als einen Tag lang vor, hat das Bundeskriminalamt ermittelt. Die Befragung verurteilter Bankräuber offenbart auch ihr Hauptmotiv: Fast 60 Prozent von ihnen geben hohe Schulden oder Arbeitslosigkeit als Grund für ihre Tat an. „Unlust zu arbeiten" nennen gerade einmal zwei von 154 Befragten als Motiv.

Gentleman-Bankräuber, die in Filmen zu Helden verklärt werden, haben mit der Realität nicht viel zu tun, glaubt Richard Horn „Der Mythos rund um Bankräuber ist eine reine Märchenwelt", sagt der ehemalige Berufsverbrecher. „Ich weiß, was dahintersteckt. Ich weiß, was es mit mir gemacht hat." Kein Bankräuber, den er aus der Haft kennt, stelle seine Tat als Abenteuergeschichte dar. „Wer solche Aktionen macht, handelt in Panik. Das sind Verzweiflungstaten, weil sie die Miete nicht bezahlen können oder pleite sind. Sie hoffen auf das schnelle Geld."

Geld wird für Horn zu einer Ersatzdroge. „Ich habe zwar wenig erlebt von der Freiheit, aber was ich erlebt habe, war intensiv, teilweise exzessiv. Geld hat mir eine subjektive Freiheit gegeben, auch wenn ich mich beschissen gefühlt habe." Doch das Geld macht ihn nicht glücklich. „Eigentlich hatte ich kein Verhältnis zum Geld. Spannend war es vor allem, daran zu kommen. Aber sobald ich es gestohlen hatte, war es für mich uninteressant."

Oft gönnt sich Horn Reisen rund um den Globus. „Die Welt stand mir offen. Ich konnte mir das Hotel aussuchen. Acapulco, Buenos Aires, Mexiko, Argentinien, Bolivien und Venezuela – das muss man doch mal sehen." Aber spätestens nach 14 Tagen ist er wieder zurück in Deutschland, um das nächste Ding zu planen.

Kurz nach dem Banküberfall in Braunschweig spüren Zielfahnder Richard Horn auf. Er wird zu acht Jahren Haft im Hochsicherheitsgefängnis Celle verurteilt. „Da wirst du mit Menschen und Straftaten konfrontiert, von denen du früher nur in der ‚Praline' gelesen hast. Dort hat bei mir eine innerliche Verrohung stattgefunden. Als ich frei kam, habe ich die Dinge nicht mehr abgewogen."

Nach seiner Entlassung 1989 ist Horn zu allem bereit. Er besorgt sich eine großkalibrige Waffe, eine amerikanische Pump-Gun, und streift im Auto mit einem Komplizen umher. Als sie an der Sparkasse im westfälischen Bramsche vorbeifahren, sagt sein Gefährte: „Hier, guck mal: Da sind nur zwei Leute drin, die könnte man auch kapern." Sie erbeuten 36.000 Mark. Kurze Zeit später wollen sie die Aktion bei einer benachbarten Volksbank wiederholen. Doch die beiden Kriminellen verhalten sich so auffällig, dass die Angestellten die Eingangstür abschließen. Als sie mit ihrer Pump-Gun konsterniert vor der verschlossenen Bank stehen, ist die Polizei schon im Anmarsch.

Nach einer wilden Verfolgungsjagd werden sie verhaftet – Horn hat die Waffe im entscheidenden Moment niedergelegt.

Diesmal muss Richard Horn für 14 Jahre ins Gefängnis. Er kommt erneut in das brutale Umfeld der Haftanstalt Celle. Horn gilt als kriminell verfestigt, als jemand, der weder fähig noch willig zur Therapie ist. Doch das Blatt wendet sich, als er im Gefängnis den Psychoanalytiker Peter Schulz trifft. Von ihm lernt Horn, mit seinen Emotionen umzugehen. Vor allem mit negativen. „Meine Gefühlswelt war völlig kaputt." Der Therapeut ist der erste Mensch, der Horn wirklich helfen kann. „Peter Schulz durfte zum ersten Mal in meine Seele schauen." Horn beginnt eine Sozialtherapie, die fast zehn Jahre dauern soll. „Ich war 43 Jahre alt und fing zum ersten Mal an, über mich und mein Leben nachzudenken. Plötzlich brach so viel in mir auf, dass ich von mir selbst erschrocken war." Der harte Kerl wagt es, sich verletzlich zu machen. „Ich gab mein Leben komplett preis, weil ich etwas ändern musste. Es war die Hölle."

2002 wird er entlassen. Er kann nun mit seinen Aggressionen umgehen, kann Schwächen zugeben. „Ich habe gelernt, vor meinen Gefühlen nicht mehr wegzulaufen", sagt Horn heute sanft und wirkt dabei fast selbst wie ein verständnisvoller Therapeut. Er hat ein neues Leben angefangen und sich nichts mehr zu Schulden kommen lassen. Mit seiner Familie hat er sich ausgesöhnt. „Man muss verzeihen können", sagt Horn. Er hat sich hochgearbeitet und verdient sein Geld heute als Fernfahrer. Doch Horn glaubt sich noch nicht am Ende seines Weges. „Ich möchte mit gefährdeten Jugendlichen arbeiten, die ähnliche Erfahrungen mit Gewalt und Kriminalität erlitten haben wie ich selbst." Das bleibt aber bisher ein Wunschtraum, denn um als Sozialarbeiter tätig sein zu können, fehlen Richard Horn die formalen Qualifikationen.



Mache Heu, solange die Sonne scheint.
(Sprichwort)

# »Der Mythos um Bankräuber ist eine reine Märchenwelt.«

Richard Horn

Sabine Wienker-Piepho

# Geld, Gold und Glück: Das Märchen vom Reichtum

Geld ist der beste Reisegefährte.
(Dänisches Sprichwort)

**Geld, Gold und Glück.** Das sind die Ingredienzien, aus denen Märchen in aller Welt bestehen. „Nach Golde drängt, am Golde hängt doch alles. Ach wir Armen“, so fasst Goethes Gretchen trefflich zusammen, was auch die Protagonisten in Märchen bewegt: reich sein, Gold haben, Geld besitzen, Glück haben! Das pure Gold ist bei solchen Wunschträumen mehr als nur ein Stoff. Gold ist Metall, Element, Symbol, Fetisch, Schmuck, Wert – und damit in nahezu allen Kulturen auch weitaus mehr als das wesentlich ambivalentere Geld. „Das Geld ist weder bös noch gut, es liegt an dem, der's brauchen tut“, auf diese Formel brachte es Hans Sachs. Besonders Volksmärchen spiegeln unser jeweiliges Verhältnis zu Gold und Geld wider. Davon handeln auch die drei bei uns bekanntesten: „Hans im Glück“, „Sterntaler“ und „Tischlein deck dich, Goldesel und Knüppel aus dem Sack“. Da die Brüder Grimm sie nicht gedichtet, sondern gesammelt und aufgeschrieben haben, sind sie Kulturindikatoren und damit der historische Beweis, dass die Themen Geld, Gold und Glück die Menschen schon seit Langem beschäftigen.



Wer Geld hat, segelt mit günstigem Wind.
(Lateinisches Sprichwort)

## Hans im Glück

Das eigenartige finale Glück von „Hans im Glück“, das märchenspezifische happy ending unterscheidet Märchen von Sagen, von alten Mythen und Epen. Manche bezeichnen „Hans im Glück“ geradezu als „Antimärchen“: Während im „richtigen“ Märchen die Helden stets von zu Hause aufbrechen, um in der Welt ihr Glück zu machen, kehrt Hans zurück zur Mutter und bleibt allein. Außerdem gibt es keine Zaubergaben, keine jenseitigen Helfer und auch keine sprechenden Tiere. Mit anderen Worten: Was in „Hans im Glück“ geschildert wird, könnte sich wirklich und wahrhaftig so abgespielt haben. Subjektiv betrachtet, geht die Geschichte „gut“ aus, ohne dass etwas Übernatürliches beziehungsweise Magisches passiert wäre.

Warum aber ist „Hans im Glück“ so beliebt? Warum wird ein Märchenheld bewundert, der nicht einmal die primitivsten Grundgesetze des Tauschhandels beherrscht? Offenbar beruht die Pointe gerade auf dem völligen Unvermögen, die für unsere Waren- und Konsumgesellschaft geltenden Wertbegriffe überhaupt zu erfassen. Und Glück, so die Botschaft dieses Märchens, ist eben immer subjektiv. Hans ist damit „Vorbild für allerhöchste Lebensweisheit, denn einer Gesellschaft, die nur an Besitz und Leistung orientiert ist, hält Hans lachend einen Spiegel vor: Er weiß besser, was wirklich Glück ist.“

Mit seinem abstrus-subjektiven Glücksempfinden ist Hans – oberflächlich gesehen – ein törichter Antiheld und damit eine völlig untypische Märchenfigur. Er führt uns – anders als die vielen Dummlinge, die später zu wohlhabenden Königen werden – das uralte Ideal der Besitzlosigkeit oder – moderner – der Konsumverweigerung vor. Seinen schrittweisen sozialen Abstieg – objektiv eine Katastrophe – erlebt er subjektiv als aufsteigende Glückslinie, als wachsende Gnade.

Die Märchenforschung hat nachgewiesen, dass die Geschichte von „Hans im Glück“ in der Tat kein eigentliches Märchen ist, stammt es doch aus der so genannten Exempeltradition des 16. und 17. Jahrhunderts. Für die damaligen Kanzelredner, die dergleichen Stoffe in den Gemeinden verbreiteten, war Gold bereits ein Zahlungsmittel und damit etwas Negatives. Es ging längst nicht mehr um Gold als summum bonum schlechthin. Auch predigte man zu dieser Zeit auf den Kanzeln schon gegen einen Volksaberglauben an, der zwar auf frühere Jahrhunderte zurückdatierte, aber teils sogar bis heute überlebt hat: Gold binde, so die Meinung, das Glück (Eheringe sollten daher nicht aus Silber oder Platin sein) und helfe gegen den bösen Blick.

Da sich in den Märchen zahlreicher Kulturen alte, teils aus vorchristlicher Zeit stammende Motive erhalten haben, spiegeln die Geschichten oft das Doppelgesicht des Goldes als „Supermetall“. Gold ist so alt wie die Märchen, und Märchen sind so alt sind wie das Gold. Nur in den jüngeren – wie in „Hans im Glück“ – gilt es schon als aurum vulgi, als Falschgold des gemeinen Mannes.

## Sterntaler

Das Märchen „Sterntaler“ zählt zu den 20 bekanntesten Kinder- und Hausmärchen der Welt und hat als Motiv sogar auf einer Banknote Karriere gemacht. 1992 druckte die Deutsche Bundesbank das Porträt der beiden Märchenbrüder Jacob und Wilhelm Grimm auf den höchsten deutschen Geldschein, die 1.000-DM-Banknote. Die Sterntaler-Figur wurde dem Schein als Wasserzeichen beigegeben.

Mit Geld kann man Teufel befehligen;
ohne Geld kann man nicht mal einen Menschen zu etwas auffordern.
(Chinesisches Sprichwort)

Welche Motive auf Geldscheinen abgebildet werden, darüber wird lange nachgedacht. Man darf davon ausgehen, dass ein handverlesenes Gremium von „nationalen Selbstdarstellungsexperten", in diesem Falle waren es drei Historiker, ein Märchenforscher und ein Germanist, monatelang über das geeignete Motiv gegrübelt haben. Sie haben sich für die Visualisierung einer Erzählung entschieden, die den Inbegriff des märchenhaft-magischen Goldwunders in komprimierter Form darstellt; das Märchen selbst ist nur eine halbe Seite lang. Über seine Hintergründe weiß man wenig. Hinsichtlich seines geistigen Gehalts wird „Sterntaler", ähnlich wie „Hans im Glück", zur Exempeltradition gerechnet. Die Geschichte wäre dann ein Paradigma dafür, dass angewandte christliche Nächstenliebe, Mitleid und Barmherzigkeit zu irdischem Reichtum führen können, vorausgesetzt, man denkt und handelt „richtig". Die christliche Überformung ist so stark, dass man annehmen könnte, „Sterntaler" hätte in keinem anderen Kulturkreis ein Publikum finden können. Dennoch ist es in Japan genauso populär wie bei uns, allerdings regnet es dort nicht Taler, sondern andere Münzen. Aus Gold aber sind sie überall, denn sind nicht auch die Sterne aus Gold?

## Tischlein deck dich, Goldesel und Knüppel aus dem Sack

Weniger christlich geht es in einem weiteren Gold- und Geldmärchen zu, in „Tischlein deck dich, Goldesel und Knüppel aus dem Sack". Hierbei handelt es sich um ein veritables Zaubermärchen mit allem Drum und Dran, das heißt, mit vorchristlichen, undogmatischen Wundern, mit Gegenständen, die Wünsche erfüllen, mit sprechenden Tieren, einer extensiven, verschlungenen, dreigliedrigen Handlung und einem happy ending.

Der Märchentyp ist als „The Table, The Ass And The Stick" über die ganze Welt verbreitet – offenbar gibt es allüberall habgierige Wirte und hilfreiche Tiere, die Gold ausscheiden. Hingewiesen sei an dieser Stelle auf die psychoanalytische Ausdeutung von Märchen, insbesondere auf Interpretationen im Sinne Sigmund Freuds, der alle Zaubermärchen als Reifungsmärchen aufgefasst und dabei Reifung im psychosexuellen Sinne verstanden hat. Bei Freud steht das Gold bekanntlich als Metapher für menschliche Ausscheidungen, als Sinnbild für Exkremente, die in goldener Form nicht stinken. Auch der Volksmund weiß: „Geld stinkt nicht." Und schon bei den Römern war „pecunia non olet" eine geläufige Redensart.

## Habent sua fata libelli: Titel, Typen und Motiv-Varianten

Der mehr als 200 Märchen umfassenden Sammlung der Brüder Grimm war zunächst kein großer Verkaufserfolg beschieden: Das Buch war zu dick, zu teuer, zu wissenschaftlich. Kurz nach der ersten deutschen Ausgabe erschien in Großbritannien die Übersetzung einer kleinen Auswahl dieser Märchen mit Illustrationen des bekannten Malers Cruishank. Zum Erstaunen der Märchenbrüder verkaufte sich diese Kurzfassung sehr gut. Und als ihr Malerbruder Ludwig Emil Grimm daraufhin die „Kleine Ausgabe" mit 50 Märchen für den deutschen Buchmarkt illustrierte, wurde die Sammlung tatsächlich ein Welthit.



Jeder Dummkopf mag zu Geld kommen,
aber um es zu behalten, braucht es einen klugen Mann.
(Amerikanisches Sprichwort)

Volksweisheit, Volksmund, Volkes Stimme finden auch in den Titeln unserer Volksmärchen ihren Niederschlag. Während das Wort „Geld“ in Märchentiteln selten ist, klingt in diesen umso häufiger die uralte Faszinationen des Goldes an: „Der König vom goldenen Berge“, „Die goldene Gans“, „Das goldene Vlies“, „Der goldene Vogel“, „Goldmarie und Pechmarie“, „Die Goldkinder“, „Die goldenen Äpfel“ usw. Und dies ist nicht nur bei uns in Deutschland oder in Westeuropa so: In Russland erzählte man sich in den Karakalpakischen Volkserzählungen „Das Märchen vom goldenen Stein“ oder „Die Schlange mit dem goldenen Kopf“. In China existieren Erzählungen vom „goldenen Tiger“, in Afrika vom „goldenen Gnu“, es gibt ein „goldenes Vlies“ in der griechischen und ein „goldenes Horn“ in der nordischen Überlieferung.

Aber „Gold“ ist eben nicht nur in Märchentiteln enthalten, ohnehin meist Erfindungen der Herausgeber mündlich überlieferter Volksmärchen. Weitaus häufiger sind Inhalte, die sich ums Gold drehen, Typenreihen oder auch nur einzelne Motive, die sich aber gerade nicht in der Überschrift eines Märchens wiederfinden.

So kennt man in Asien, Afrika, Australien und Amerika den Märchentyp „Goldener“, eine Geschichte, in der es um goldene Haare oder goldene Körperteile geht. Und nahezu weltweit verbreitet ist der Erzähltypus von dem guten und dem schlechten Mädchen. In dieser Konstellation – wir kennen sie als Variante zum Beispiel in „Frau Holle“ – regnet es gewissermaßen „gutes“ Gold, wenn das brave Mädchen belohnt wird. Beliebt ist auch ein weiteres weltweit bekanntes Motiv, das auf dem hohen Wert des Goldes fußt: Da Märchen Eigenschaften stets in Bildern ausdrücken, fallen den guten, tugendhaften Menschen beim Sprechen Goldstücke aus dem Mund, den schlechten Menschen aber hässliche Kröten.

Im Märchen, in dem die Gleichung „schön = gut“ gilt, haben schöne Prinzessinnen demzufolge nicht nur immer einen guten Charakter, nein, sie haben auch goldenes Haar und tragen goldene Kleider. Für die guten Helden bringt der brave Esel gutes Gold, und selbst den Teufel zieren goldene Haare, wenn er – wider Willen – Gutes bewirkt.

Diese Symbolsprache des Märchens eignet sich auch bestens für die Couch des Psychotherapeuten, wenn dieser beispielsweise mit Lieblingsmärchen-Identifikationen seiner Patienten arbeitet. Warum mögen wir wohl Märchen, in denen Stroh zu Gold gesponnen wird, in denen Laub, Tannenzapfen oder wertloser Dreck sich in Gold verwandeln, sofern derjenige, der es benötigt, nur die richtige – und das bedeutet im Märchen die „kulturell richtige“ – gute Einstellung hat? Überall dort, wo das Gold zentraler Bestandteil von Volkserzählungen ist, wird es mit dem ethisch-moralisch „Guten“ verbunden. Verwandelt es sich dagegen in ein schnödes Zahlungsmittel, so wird es zum Fluch: Wer denkt nicht sofort an das unheilvolle Gold des geld- und machtgierigen Midas?

## Vom Wert des Geldes in anderen Traditionen – ein Kulturvergleich

Die Beispiele zeigen, dass Gold nicht nur in der internationalen Finanzpolitik ein relativ krisen- und fälschungssicheres Leitelement ist. Auch in international verbreiteten Märchen regiert seit Jahrtausenden das reine Gold. Dieses Metall steht in der Hierarchie an oberster Stelle: In dem Märchen „Die zertanzten Schuhe“ muss der Held drei Wälder durchqueren, bis er zum Ziel kommt: einen kupfernen, einen silbernen und einen goldenen. Drei Kleider versteckt die wahre Braut in einer Nussschale: ein silbernes, ein diamantenes und ein goldenes.

Interessant ist auch die Frage nach dem Ursprung des Goldes: Wer hat nach landläufiger Meinung das Gold „gemacht", und woher kommt es? Selbstverständlich haben Märchen auch darauf eine Antwort. In ihnen entstammt das „gute Gold" fast immer transzendenten Bereichen. Gold kommt gewissermaßen von einem „sakralen Drüben", ganz gleich, wie die jeweiligen Kulturen oder Religionen dieses Jenseits definier(t)en. Beim Geld, kulturgeschichtlich wesentlich jünger, ist dies nicht oder doch nur sehr selten der Fall.

Geht man der Frage nach, ob das Thema Geld beziehungsweise Gold in Märchen aus China, Afrika oder Amerika, aus dem Orient oder anderen Kulturkreisen anders behandelt wird als in Europa, stößt man schnell auf die Problematik des jeweiligen Verhältnisses von Haben und Sein, von Geld und Glück, von materiellem Besitz und immateriellen „höheren" Werten.

In russischen Märchen scheinen Reichtum und Geld eine eher geringe Rolle zu spielen. In „Der goldene Stein" veramt der „Dschigit", der Held, am Ende völlig. (Ein Dschigit war Vorreiter einer in Zentralasien als Eskorte dienenden Truppe.) Im Märchen „vergisst" er einen magischen goldenen Stein, obgleich dieser ihn und seine Familie retten könnte. Schließlich findet er ihn zufällig im Bauch eines Fisches, und das märchentypische gute Ende wird sozusagen „vergoldet".

In dem rumänischen Märchen „Die Zwillingsknaben mit dem goldenen Stern" spielt Gold dagegen die zentrale Rolle. Zwei rechtmäßige Erben eines Königs weisen sich nach einer Kette von Verleumdungen mit goldenen Attributen aus. Das Mal auf der Stirn und ihrer beider goldene Haare sind untrügliche Identitätsbeweise, so sehr blenden sie die Hofschranzen: „Die Prinzen nahmen nun ihre Mützen vom Kopf und ließen ihr goldenes Haar sehen und den goldenen Stern, den sie auf der Stirn trugen. Da mussten die Gäste und die Hofleute und der Kaiser sich die Augen zuhalten, damit sie nicht geblendet würden von so viel Glanz. Danach geschah, was von Anfang an hätte sein sollen ..."

## Midas lebt – Märchen und Ideologien

In „Der törichte Wunsch", einem indischen Märchen, begehrt ein König, alles möge sich in Gold verwandeln, was er berühre. In einer weit von Europa entfernten Kultur hat sich somit der griechische Mythos von Midas erhalten. Die kleine Tochter des Königs erkennt in diesem Märchen die Konsequenzen eher als ihr Vater und weint: „Der König versuchte, sie mit freundlichen Worten zu trösten, und wollte sie in den Arm nehmen, aber kaum hatte er sie berührt, da wurde auch sie zu Gold. Und als er sich zu Tisch setzte und essen und trinken wollte, verwandelte sich alles, was er anfasste, ebenfalls in reines glänzendes Gold, und er blieb hungrig und durstig. Da erkannte der König, wie töricht sein Wunsch gewesen war, und er betete zu Gott, ihn von dem Zauber zu befreien. Gott war gnädig und erhörte sein Gebet, und alles wurde wieder wie früher."

Manche modernen Märchen sind ideologisch befrachtet und Ausdruck des Klassenkampfes der werktätigen Bevölkerung. Nach Auffassung der marxistisch-leninistischen Märchenforschung enthalten sie mit ihren Utopien revolutionäres Potenzial. Ein Beispiel dafür ist das russische Märchen „Wer das Geld erdacht hat". Die Darstellung stammt aus einer Sammlung weißrussischer Märchen, die der 100-jährige Bauer Redkij aus Bolschoj-Roshin dem Sammler A. K. Serzputovskij erzählte. Das Buch erschien erstmals 1926 in Minsk und wurde später vom Ostberliner Akademie Verlag in deutscher Sprache herausgegeben.



Ein Narr und sein Geld sind bald geschieden.
(Englisches Sprichwort)

Auch diese Geschichte erklärt die Herkunft des Geldes. Bezeichnenderweise ist dessen Schöpfer hier kein Geringerer als der Teufel selbst: „Da sammelte der Teufel von den Menschen Schweiß, Tränen und Blut, goss alles in einen großen Kessel und kochte daraus Gold und formte es zu schönen blanken Münzen ... So schuf der Teufel viel Geld. Wer weiß, vielleicht hat er es gar einst erfunden und in die Welt hinausgelassen, um die Menschen zugrunde zu richten."

## Point d'argent, Point de Suisse

Und schließlich wird es wohl niemand verwundern, dass sich im Banken-Land Schweiz ein besonders „werthaltiger" Märchenschatz findet, in dem sogar Geldinstitute vorkommen. In dem Schweizer Märchen „Kluges Gretel, Hans im Glück und Kluge Else", das noch um 1900 aus mündlicher Überlieferung aufgezeichnet werden konnte, schickt ein wohlhabender Vater seinen Sohn aus, um den Zins von einem Bankinstitut zu holen: „‚Geh', sagte er, ‚hol mir den Zins, den Weg kennst du ja!' Der Sohn begab sich auf den Weg und fasste den Zins, musste aber in der fremden Stadt über Nacht bleiben. Im Verlauf des Abends ging er spazieren. Da sah er eine Gruppe von Leuten, welche einen toten Menschen auspeitschten. Als er fragte, was dies zu bedeuten habe, erhielt er folgende Antwort: ‚Das ist hier so der Brauch. Wer stirbt, ohne seine Schulden zu bezahlen, der wird ausgepeitscht.' Das schien dem Sohn eine Barbarei zu sein. Er fragte, wie groß denn die Schulden des Toten seien. Als man ihm die Summe nannte, griff er in den Sack, zog die Zinsen heraus und bezahlte die Schuld, damit der Tote nicht mehr länger geprügelt werde. Dann wanderte er nach Hause. Der Vater fragte ihn, wo er den Zins habe. Da zeigte der Sohn den leeren Sack, und der Vater schrie ihn an: ‚Du dummer Narr, der Tote hat ja die Schläge nicht gespürt, lass mir solche Streiche in Zukunft!'" Im Verlauf des Märchens wiederholt sich diese Szene dreimal, wie es sich für ein rechtes Volksmärchen gehört, bis der Vater den in Finanzdingen so unbeholfenen Sohn aus dem Hause jagt. Dieser gewinnt jedoch am Ende – mit der Hilfe des dankbaren Toten – die Hand der Königstochter.

Geht man davon, dass „Schweiz" und „Geldanlage" nahezu identische Begriffe sind („point d'argent, point de Suisse"), so kann man sich die Frage stellen, ob der Zorn des Vaters, der sein Geld lieber auf Zinsen anlegt, als dass er es für Wohltätigkeit ausgegeben sieht, typisch schweizerisch ist, und voreilige Rückschlüsse auf eine „typisch schweizerische Mentalität" ziehen. Aber das ist Unsinn, denn das gleiche Motiv findet sich in nahezu allen Volksmärchen Europas schon lange vor dem 16. Jahrhundert. Es handelt sich um den Erzähltyp, welcher „Der dankbare Tote" genannt wird, die Engländer bezeichnen ihn als „The Greatful Dead". Genauer betrachtet ist diese Art Märchen sogar noch älter. Man darf ihm „ein besonders hohes kulturhistorisches Alter " zuschreiben. Beispielsweise ist es bereits in der Bibel zu finden, im alttestamentarischen Buch Tobit, das etwa 150 Jahre v. Chr. entstanden ist.

Das Geld liegt auf der Straße, man muss es nur aufzuheben wissen.
(Deutsches Sprichwort)

## Summum bonum: Gold oder Geld

Vergleicht man Geld- und Goldmärchen unterschiedlicher Kulturen, so zeigen sich deutliche Differenzierungen. Oft stellt Reichtum sogar ein Hindernis dar, wenn es um das finale Glück geht. Dann propagiert besonders das christlich-abendländisch geprägte Märchen die entsprechend wundersame seelische Läuterung des Antihelden, der die Armut dem Reichtum vorzieht („Hans im Glück"). Es betont aber auch die Caritas und das Mitleid („Sterntaler", „Der dankbare Tote"). Kulturübergreifend bestraft es die Habgier, und zwar gleichermaßen zum Beispiel in den hier gezeigten griechischen und indischen Varianten („Midas"). Andererseits verteidigt das Märchen global den rechtmäßigen Besitz („Tischlein deck dich").

Sogar in Ländern, Ethnien und Kulturen, in denen üppiger Reichtum in Form von Gold auch stolz und unverblümt in der Öffentlichkeit vorgezeigt wird, wie beispielsweise in Russland oder im Orient, verurteilen die Volksmärchen gleichwohl protziges Gehabe: Man vergisst den „goldenen Stein" oder verliert das Interesse daran.

Summum bonum ist Gold in den Erzählungen der Welt – insbesondere in denen aus älterer Zeit – nur dann, wenn es für einen höheren Wert, für das Seelenheil steht. Dann ist es gleichsam transzendent und „gutes Gold" – das kulturgeschichtlich jüngere Geld dagegen bringt im Märchen nur selten Glück.



Nicht um des Lebens willen erwirbt sich mancher Vermögen,
sondern er lebt, verblendet vom Geiz, dem Vermögen zuliebe.
– Juvenal –

090

Geld, das man nicht einnimmt, kann man nicht ausgeben.
(Französisches Sprichwort)

Money makes the world go round singt Liza Minelli und bringt die Sache auf den Punkt. Abbas Money, Money, Money klingelt bereits mehreren Generationen in den Ohren. Schlager erzählen nicht nur von Herz, Schmerz und heiler Welt. Unter dem Stichwort „Geld" findet man genauso Analysen und Kommentare der wirtschaftlichen und sozialen Entwicklungen. Sie bewerten moralisch und beschreiben individuelle Lebenssituationen – Ängste, Vorurteile, Träume und Hoffnungen. Der Schlager erreicht damit ein Massenpublikum, indem er in den Texten Wunschträume anspricht, die er als Botschaft in Kehrreimen stetig wiederholt. Geld-Noten werden erst durch Texte schön. Das funktioniert in allen Sprachen der Welt. Aber wenn es um Geld geht, müssen wir nicht ins Ausland. Der deutsche Schlager liefert den Wattebausch mit genau der Menge wohlduftenden Chloroforms, die Otto Normalverbraucher benötigt, um mit wenig Geld in einer Schein- und Plastikkarten-Gesellschaft zu überleben.

Die heutigen Schlagertexte greifen das Geld-Thema in genau der Tonalität auf, die bereits die Volkslieder des späten Mittelalters und der frühen Neuzeit vorgeben: Geld regiert die Welt; wer Geld hat; hat Freunde; Geld ist das Maß aller Dinge; Geld entscheidet über Zuwendung und Liebe. Diese Inhalte sind keine Erfindung des 20. Jahrhunderts. Schon im Jahr 1494 hat Sebastian Brant, ein hoch gebildeter Humanist, heute vergleichbar mit einem Universitätsprofessor, einen Liedtext verfasst: O pfening / man dût dir die ere / Du schaffst / daß vil dir günstig sint / Wer pfening hat / der hat vil fründ stammt aus seinem „Narrenschiff". In Basel gedruckt, brachte es die spätmittelalterliche Moralsatire sogar zum erfolgreichsten Buch vor der Reformation.
In den Liedern der frühen Neuzeit kommt Geld nur insofern vor, dass es fehlt. Es gibt praktisch kein Lied, das sich mit dem Haben beschäftigt, sondern nur mit dem Fehlen von Geld.
Die Thematik blieb, als die Operette kam. Aus der Operettenseligkeit des ausgehenden 19. Jahrhunderts entstanden Gassenhauer, Lieder, die „einschlugen", Schlager eben, oft mit der vertrauten Thematik, etwa dem Titel Wenn man Geld hat, ist man fein aus Carl Michael Ziehrers großem Bühnenerfolg Liebeswalzer. Erst im Schlager und übrigens auch im amerikanischen Protestsong werden die Hintergründe von Geld, Macht und Ausbeutung klar thematisiert. Der Schlager im heutigen Sinne entstand in der zweiten Hälfte



Jeld alleene macht nich glücklich; man muss ooch wat haben.
(Berliner Sprichwort)

des 19. Jahrhunderts. Die Erfindung des Grammofons sowie die aufkommende Filmindustrie trugen schnell zu seiner Verbreitung bei. Er ist somit ein Produkt der Industriegesellschaft. Im Schlager des 20. und 21. Jahrhunderts lassen sich das Thema „Geld" und die damit verbundenen Begleiterscheinungen wie Reichtum, Macht, Einfluss und Anerkennung kategorisieren.

**Schlager-Noten spiegeln die Wirtschaftsentwicklung**

Das Lied der Wirtschaftskrise der 20er-Jahre ist bis heute unvergessen. Robert Steidls Schlager Wir versaufen uns'rer Oma ihr klein Häuschen entstand 1922. Und angesichts der Wirtschaftslage werden die erste und zweite Hypothek gleich mitversoffen. Vielleicht ist der Text deshalb unvergessen, weil er den Zeitgeist immer noch trifft. Angesichts der zig Milliarden aus der Staatskasse für die Banken stimmt der letzte Satz auch heute noch, denn das kostet schließlich alles uns're Steuern, die wir zahlen in das bodenlose Fass.

Den Geld-Noten-Titel der Währungsreform lieferte der Kölner Jupp Schmitz 1949 angesichts dünner Lohntüten und unerfüllbarer Konsumwünsche. Wer soll das bezahlen, wer hat das bestellt, wer hat soviel Pinke-Pinke, wer hat soviel Geld? Dann kam das Wirtschaftswunder, und einige konnten, wie sie wollten – das Dritte Reich aus dem Gedächtnis streichen und sich ein Stück vom Wirtschaftswunderkuchen abschneiden. Das Hazy-Osterwald-Sextett kreierte 1960 den Konjunktur-Cha-Cha. Hazy Osterwald sang mit riesigem Erfolg von der großen Wende, von der guten neuen Zeit und appellierte: Geh'n Sie mit der Konjunktur, geh'n Sie mit auf diese Tour. Nehm'n Sie sich Ihr Teil, sonst schäm' Sie sich und später geh'n Sie nicht zum großen Festbankett. Seh'n Sie doch, die anderen steh'n schon dort und nehm'n die Creme schon fort beim großen Festbankett. Man ist, was man ist, nicht durch den inneren Wert. Den kriegt man gratis, wenn man Straßenkreuzer fährt. Holen Sie sich Ihre Kohlen wie der Krupp von Bohlen aus dem großen Weltgeschäft. Schöpfen Sie Ihr Teil und schröpfen Sie, die anderen köpfen Sie sonst später ohnehin. Laufen Sie, wenn's sein muss, raufen Sie, und dann verkaufen Sie mit Konjunkturgewinn. Geld, das ist auf dieser Welt der einz'ge Kitt, der hält, wenn man davon genügend hat.

Es blieb sportlich, in der Welt der Schlager-Noten. Nach 1982 kam der Aufschwung. Ärmel hochkrempeln, anpacken. Man kann ja nie genug haben. Geier Sturzflug half 1983 Helmut Kohl, das Bruttosozialprodukt



Kokain ist Gottes Art und Weise, um dir mitzuteilen, dass du zu viel Geld hast.
– Sting –

steigern. Ja jetzt wird wieder in die Hände gespuckt. Wir steigern das Bruttosozialprodukt. Es waren die Jahre des mehr, mehr, mehr. 15 Jahre später verabschiedete sich die D-Mark, der Euro kam, und mit ihm die Skepsis. Barbara Thalheim präsentierte ihr Lied Wir machen Sie fit für den Euro, in dem sie sang: Jetzt redet mein Bankmensch mir ein: Wir machen Sie fit für den Euro. Ich finde das ungeheuro, denn fit wollt' ich immer schon sein. Bist du fit, machst du mit, jedem Euro seinen Schnitt. Und Reiner Wahnsinn ergänzte 2001: D-Mark adé, scheiden tut weh. Jetzt kommt der Euro und alles wird teuro. Zeitgeistlyrik nach Noten auf der Höhe der Wirtschaftsentwicklung. Angesichts der sich anbahnenden Wirtschafts- und Finanzkrise 2006 machte die Gruppe Seitz – sie besteht aus Mitgliedern der Schwarzwaldfamilie Seitz – einen Vorschlag zur Ankurbelung der Wirtschaft und zur Sanierung der öffentlichen Haushalte. Sie stellten fest: Wir brauchen Geld. Nicht nur Bund, Länder und Kommunen brauchen Geld. Der kleine Mann und auch sein Boss, wir alle wissen, ohne Moos, da ist nichts los. Die Zinsen fressen sich in uns're heile Welt. Der Ingenieur, der Werksmonteur, wir alle wissen, ohne Kohle geht nichts mehr. Ein Vorschlag wär', wir drucken noch mehr Euroscheine, verteilen sie gerecht an alle, auch an Kleine. Dann hätte jeder Geld, sich irgendwas zu kaufen, und uns're Wirtschaft würde wieder super laufen. Utopie? Immerhin hat sich die Bundesrepublik inzwischen die Möglichkeit geschaffen, Banken zu verstaatlichen.

**Schlager-Noten sind ein Abbild des Zeitgeistes**

Hazy Osterwalds Konjunktur-Cha-Cha spiegelte die Moral der 60er-Jahre. Gunter Gabriel entdeckte 1978 Altbekanntes neu. Er sang: Ohne Moos nichts los. Ich bin immer pleite. Mir fällt gar nichts in den Schoß. Ohne Moos nichts los. Der Bankdirektor braucht es und der Boss mit seinem Bauch. Der Lehrling im Betrieb, der braucht dasselbe nämlich auch. Der Kanzler und der Präsident, das ganze



Liberté. Egalité. Portemonnaie.
(Sprichwort)

Parlament. Alle raffen, alle schaffen, denn sonst ständen sie im Hemd. Und er folgerte: Ohne Moos nichts los. Hast du was, dann bist du was, dann bist du plötzlich wer. Hast du nichts, dann bist du nichts, das find' ich gar nicht fair. Was könnte man nicht alles mit Geld machen, wenn man es denn hätte. Und was würde man nicht alles tun, damit man an Geld kommt. Diese Überlegung bringt die Erste Allgemeine Verunsicherung 1986 dazu, einen Ba-Ba-Banküberfall als probates Mittel gegen das Loch in der Haushaltskasse zu empfehlen. Die Gruppe Pur greift den kriminellen Gedanken 1988 auf. D-Mark heißt das Lied, und es geht so: Geliebte D-Mark, sind die Taschen leer, dann musst du her. Er geht in die Bank, Pistole in der Hand. Er sagt vielen Dank und rennt los mit seiner vielgeliebten D-Mark. Nächstes kriminelles Beispiel? Bitte sehr, dasselbe Lied: Er sitzt im Bundestag und wartet auf Spenden. Die richtige Entscheidung wird das Warten schnell beenden. D-Mark. Rainhard Fendrich kreierte 1988 den Tango Korrupti. In seinem Lied empfiehlt ein Millionär dem Staatsanwalt: Sie sollten sich einmal was leisten, so wie die meisten, vielleicht einen Porsche bald? Dafür verschwinden ein paar Akten, auch die Fotos mit der Nackten. Der Text macht klar: 1988 zählt im Schlager Geld mehr als die Moral. Da scheint etwas dran zu sein, Udo Lindenberg sieht das 1991 in seinem Song Club der Millionäre ähnlich: Man braucht Geld, egal wie, dann ist man dabei und kriegt, was man will. Er singt: Ach, wie gerne wäre ich im Club der Millionäre, doch da kommt man nicht so ohne weit'res rein. Da muss man schon Erfinder oder Schwerverbrecher sein. Oder Erbschleicher vielleicht, oder 'n Lottogewinn, mehr Möglichkeiten sind da nicht drin. Also her mit dem Geld, egal wie, dann gibt es Champagner satt, schöne Frauen und jeden erdenklichen Luxus. Soweit die Unmoral. Doch dann kommt der Zweifel: Das einzige Problemchen, das ich vielleicht hätt' – finden die Mädels wirklich mich oder meine Kohle nett? Für Die Prinzen ist die Sache 1995 klar: Geld ist schön. Geld ist lustig. Geld macht Freude. Geld ist käuflich. Geld macht so reich. Geld macht sexy. Geld macht so frei. Es macht so

Viel Geld macht schön reich.
(Sprichwort)

mächtig. Geld ist schön, auf jeden Fall schöner als kein Geld. Nicole schildert 1996, wie die Gesellschaft mit der Gier nach Geld und dem Habenwollen umgeht: Der eine klaut 'ne Flasche Schnaps, wird erwischt und kommt in' Knast und wird seines Lebens dann nie mehr froh. Der andere zockt Millionen ab, aber der wird nicht geschnappt und liegt in der Sonne irgendwo. Oder er zahlt, wie wir gelernt haben, wenn er doch erwischt wird, eine Strafe, die für ihn ein Trinkgeld ist, und zieht sich auf sein Schloss in der Schweiz zurück. Und die Moral von der Geschicht', die haste gleich kapiert: Haste nix, dann biste angeschmiert. Aber Nicole bietet auch Trost für alle, die nur die Krümel vom Kuchen bekommen. In ihrem Lied Club Bel Etage singt sie 1999 über die oberen 10 000: Denk nie, die schlafen gut, denn sie haben Angst. Glaub mir, dass man zehn Mal besser schläft, wenn man nichts verlieren kann.

**Schlager-Noten reflektieren das einfache Leben**

Mehr Geld hätten alle gern. Gus Backus resümierte 1964: Wenn nur jede Woche mal der Erste wär', wär' die Sache mit den Kohlen halb so schwer, dann hätt' ich keine Sorgen mehr. Und Ernst Neger ignorierte 1964 die Sparappelle der 60er-Jahre. Er weiß, wohin mit dem Geld: Bei uns wird's Geld nicht schimmelig. Solangs 'nen Grund zum Feiern gibt, ist Sparen für die Katz'. Gunter Gabriel wurde offensiv. Er fasste sich 1974, ein Jahr nach dem Höhepunkt der wilden Arbeiterstreiks in der Bundesrepublik, ein Herz und forderte: Hey Boss, ich brauch mehr Geld. Das hätten auch Die Prinzen 1991 gern gehabt. Sie spielen es mit ihrem Song Millionär ein. Ich wär' so gerne Millionär, dann wär' mein Konto niemals leer. Geld, Geld, Geld. Wenn man's hat, ist es schnell weg. Pe Werner merkte das und will es zurück: Ich will mein Geld zurück, die schwer verdienten Piepen. Jeder will nur abkassier'n, das lass ich mir nicht bieten. Geld wird schnell ausgegeben. Wenn es weg ist, braucht man Kredit.

Zeige das Geld her, so kommt die Braut.
(Arabisches Sprichwort)

Wolfgang Petry analysiert 2003 für die Schlagerfans, wohin das zeittypische Feiern und Genießen auf Pump führt. Wer soll das bezahlen heißt sein Lied. Das Auto ist auf Pump, das Haus auf Raten, die Küche ist noch lange nicht bezahlt, der Bäcker kriegt noch Geld, doch der kann warten, der Deckel in der Kneipe lässt uns kalt. Das Ergebnis dieser Einstellung ist bekannt, die Krise ist da.

**Schlager-Noten sagen: Es geht auch ohne Geld**

Der Schlager wäre nicht der Schlager, wenn er nicht zeigen würde, dass es höhere Werte als Geld gibt, beispielsweise die Liebe. Marika Rökk sang 1939: Ich brauche keine Millionen, mir fehlt kein Pfennig zum Glück. Ich brauche weiter nichts als nur Musik, Musik, Musik. Doch eine ganze Kleinigkeit, die brauch' ich noch dazu. Und diese große Kleinigkeit bist du, nur du, nur du. Natürlich kann niemand sicher sein, dass Liebe ohne Geld funktioniert. Gerd Böttcher artikulierte das 1962 in seinem Schlager Geld wie Heu. Ich hab so Angst, die Susi nimmt sich einen anderen Boy, einen, der das eine hat, was ich nicht hab – Geld wie Heu. Im Schlager klappt das, er kriegt seine Susi. Und auch Ramona wird 1972 ohne Geld glücklich. Lieber dich und kein Geld, singt sie. Viele Leute sind reich, aber das ist mir gleich, ich bin froh, mir geht's gut, weil wir zwei uns versteh'n. Lieber dich und kein Geld als allein auf der Welt. Cosa Rosa stimmt 1985 in diesen Chor ein. Manche mögen Männer mit Millionen, manche mögen Männer mit Moral, manche mögen Männer mit viel Muskeln, genau das bist du nicht, und dafür lieb' ich dich mit aller Lust und Qual – millionenmal.

Manchen reicht die normale Liebe nicht, es muss, wie bei den Wildecker Herzbuben 2007, die wahre Liebe sein. Wahre Liebe ist mehr wert als Millionen, wahre Liebe ist mehr wert als Geld, sangen sie. Aber stimmt das? Scheinbar stimmen die Flippers den Herzbuben 2007 in ihrem Titel Auch wenn ich Millionär wär zu. Geld macht Männer sexy, sangen sie. Und manchmal sieht es wirklich danach aus. Schöne Mädchen und Champagner, eine weiße Yacht. Da fragt sich jeder, wie er das wohl macht. Auch wenn ich Millionär wär', ich wär' nur hinter dir her. Meinen Ferrari, jede Safari, tausch' ich für dich ein. Kann es ein, dass der Schlager flunkert, dass er zwar sagt: Lieber dich und kein Geld, aber meint: Am liebsten dich und viel Geld? Manchmal sieht es wirklich danach aus.

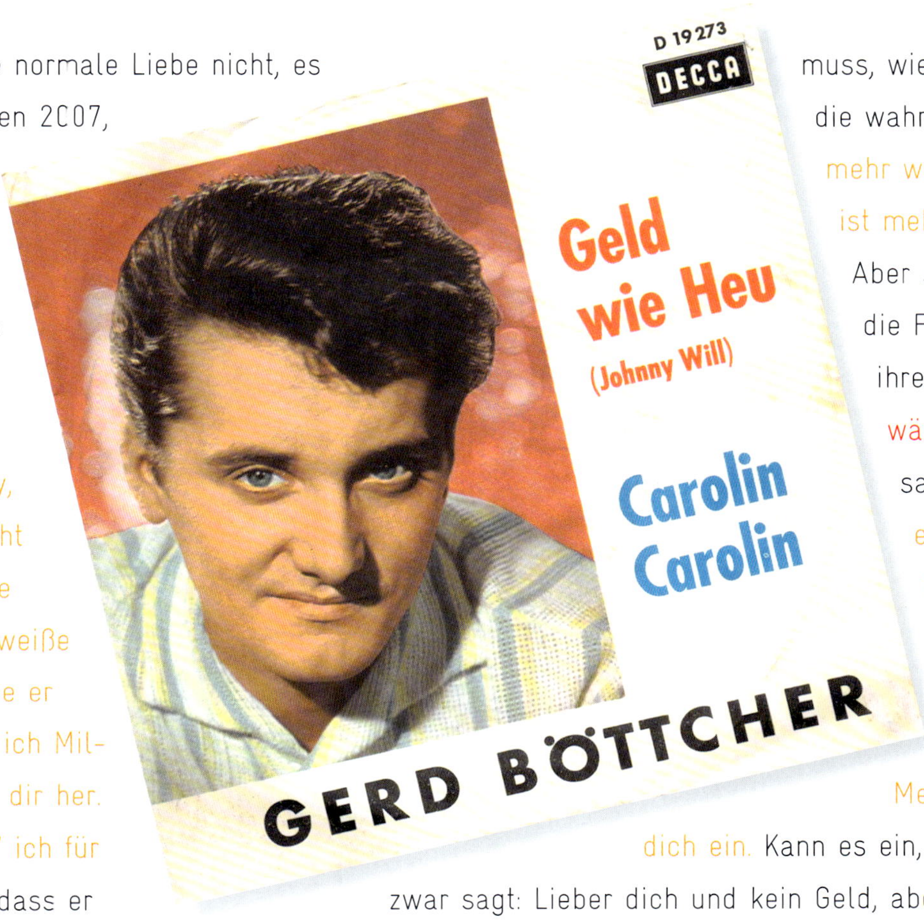


Viele belächeln diese Musikgattung. Aber für den Soziologen Theodor W. Adorno haben Schlager eine gesellschaftliche Funktion, sie „beliefern die zwischen Betrieb und Reproduktion der Arbeitskraft Eingespannten mit Ersatz für Gefühle", von denen sie glauben, sie müssten sie haben. Schlager sind Indizien für soziokulturelle Strömungen und Entwicklungen, spiegeln die Wirklichkeit und hätten sie gern heiler als sie ist. Aber das gilt nicht nur für den Schlager. Das gilt auch für andere Klänge, für Pop, Rock, Hip-Hop. Der Unterschied liegt nur darin, dass man hierzulande deutsche Schlagertexte besser versteht. Der Schlager ist nicht die Wirklichkeit, aber er ist der Spiegel des wahren Lebens. Auch wenn es manchmal nur so scheint.



Geld schwor einen Eid, dass niemand es haben solle, der es nicht liebe.
(Irisches Sprichwort)

»... O pfening / man dût dir die ere
Du schaffst / daß vil dir günstig sint
Wer pfening hat /
der hat vil fründ
Den grûßt vnd swagert yederman /
Wolt eyner gern eyn ee frow han / ...«
Sebastian Brant, 1494

»... der Deckel in der Kneipe lässt uns kalt ...«

Wolfgang Petry, 2003

Ursula Kampmann

# RÜCKSICHTSLOSE RÜCKSEITEN

## Europäische Ideale auf dem Prüfstand der Münzprägung

In mancher Geldbörse schlummert eine politische Bombe. Brisant sind die Rückseiten der Euro-Münzen. Viele davon haben nur geringen Wert, aber dafür umso mehr politische Sprengkraft, so etwa manche 10-Cent-, 20-Cent- und 50-Cent-Stücke. Jede Regierung kann die Rückseite mit eigenen nationalen Motiven prägen. Welche ein Staat auswählt, ist abhängig von seinem Selbstverständnis. Wenn politisch korrekte oder chauvinistische Aussagen der Münzmotive nicht sofort ins Auge springen, so liegt das meist daran, dass außerhalb der Landesgrenzen wenig über die dargestellten Personen bekannt ist.

Griechenland etwa wählte für die gemeinsame europäische Währung als Münzbilder für seine Rückseite Rigas Velestinlis, Ioannis Kapodistrias und Eleftherios Venizelos aus. Drei Protagonisten in Sachen Erweiterung der griechischen Grenzen auf Kosten der Türkei.

Rigas Velestinlis, dessen Konterfei heute die griechischen 10-Cent-Münzen ziert, war ein Dichter, der sich nach dem altgriechischen Namen seiner Geburtsstadt Pherai auch Rigas Fereos oder Rigas Pheraios nannte. In seinen Versen rief er zur Befreiung von der osmanischen Herrschaft und zum Sturm auf die Sieben Hügel auf – und meinte damit nichts anderes als die türkische Hauptstadt Istanbul.

Ioannis Antonios Graf Kapodistrias, der auf der 20-Cent-Münze abgebildet ist, war der erste Präsident Griechenlands nach dessen Befreiung von der osmanischen Fremdherrschaft durch die Griechische Revolution. Sollte mit der Entscheidung für dieses Motiv auf der Münzrückseite eine expansive Außenpolitik gerechtfertigt werden, so ist diese in vergleichbaren Fällen wie Kosovo oder Südossetien heute völkerrechtlich zu Recht mehr als umstritten. Die nationalistische Verklärung dieses Krieges verhüllt, dass die Gründung Griechenlands auf Kosten des Osmanischen Reichs schon damals eine völkerrechtlich umstrittene Maßnahme war.

Eleftherios Venizelos, zu sehen auf der 50-Cent-Münze und ebenfalls Premierminister, gehörte im Türkisch-Griechischen Krieg zu den Anführern auf griechischer Seite. Unter seiner Herrschaft konnte Griechenland sein Gebiet um rund 70 Prozent vergrößern – obwohl die Invasion auf türkisches Territorium in Smyrna kläglich scheiterte.

Diese Trias im Münzbild der europäischen Einheitswährung ist nicht ohne Einfluss auf die politische Beitrittsdiskussion. Alle drei Politiker stehen für die griechische Expansionspolitik auf Kosten der Türkei. Viele Türken empfinden deshalb diese Münzen als einen offenen Angriff auf die Grenzen ihres Landes und ein Beharren auf altem, nationalistischem Gedankengut, das Europa längst überwunden haben sollte.

Erst das Geld erhebt den Geist auf den Thron.
Demokratie ist die vollendete Gleichsetzung von Geld und politischer Macht.
– Oswald Spengler –

Auch die Slowenen haben mit den Entwurfzeichnungen für ihre 2-Cent-Münze in ein Wespennest gestochen. Zu sehen war darauf ein römerzeitliches Säulenfragment, der so genannte Fürstenstein, der in den Augen der Slowenen ein charakteristisches nationales Symbol darstellt: Er sei ein für die Entstehung des slawischen Fürstentums Karantanien im späten 7. Jahrhundert wichtiges Relikt. Neben den Slowenen hat allerdings eine zweite Volksgruppe, die Kärntner, eine emotionale Beziehung zu diesem mittelalterlichen Thron, auf dem zuerst ein slawischer, später ein habsburgischer Herzog, den Slawisch und den Deutsch sprechenden Bewohnern von Karantanien versprach, Willen und Rechte des Volkes zu achten.

100 Jahre lang stand besagter Fürstenstein mehr oder weniger unbeachtet in einer Ecke des Kärntner Landesmuseums, bis im Jahr 2005 der damalige Kärntner Landeshauptmann Jörg Haider die nationalen Emotionen gegen den Plan aus Ljubljana schürte. In einem plötzlichen „Anfall" von historischem Bewusstsein forderte er das österreichische Außenministerium auf, die slowenische Regierung von einem „Missbrauch" des Fürstensteins abzuhalten. Verhindern konnte er die Münzprägung letztlich nicht. Im November 2005 ließ Haider verlautbaren, man werde dieses historisch so bedeutsame Rechtsdenkmal in die Kärntner Landesregierung umsiedeln: „Die Kärntner sollen", so Haider, „die Gelegenheit haben, das Denkmal jederzeit besichtigen zu können."

Ein weiteres Motiv auf dem Euro, das in Österreich zu Verstimmung führte, sind die beiden Lipizzaner, die die slowenischen 20-Cent-Münzen zieren. Österreich reklamiert diese weißen Pferde als seine Domäne. Deshalb ist die Abbildung in den Augen einiger Österreicher eine Frechheit, auch wenn die Tiere bis zum Zweiten Weltkrieg aus einem Gestüt im heutigen Slowenien kamen. Um Streit zu vermeiden, versuchte man, es als Kompromiss darzustellen, dass Slowenien die Pferde ungezähmt, im freien Lauf zeigt, während Österreich das Monopol auf die mit Lipizzanern gerittene Hohe Schule bleibt.

Seit Jahrtausenden bestimmt der Prägeherr, also derjenige, der für die Ausgabe der Münzen verantwortlich ist, was er für identitätsstiftend hält und was auf Münzen dargestellt wird. Dies vor Augen, sind die Entscheidungen der europäischen Regierungen bezüglich ihrer Euro-Motive vor allem eines: erschreckend. Praktisch alle Staaten konzentrieren sich auf die Vergangenheit. Fünf der 19 demokratischen Eurostaaten präsentieren sich auch heute noch als Monarchien mit ihren Staatsoberhäuptern auf den Münzen, wie es schon vor mehr als 2 000 Jahren üblich war. Wappen – angefangen beim deutschen Adler, über den finnischen Löwen bis zur irischen Harfe – und nationale Symbole, wie das deutsche Eichblatt und die französische Marianne, beherrschen die Rückseiten. Nur wenig reale Objekte und Personen haben es auf die nationalen Seiten geschafft – und davon stammt nichts und niemand aus der zweiten Hälfte des 20. Jahrhunderts. Die Völker Europas ruhen sich immer noch auf ihrer Vergangenheit aus, auch wenn diese meist nicht glorreich ist.

Geld ist das Brecheisen der Macht.
(Sprichwort)

Spanien hat den Spagat geschafft, die Blütezeit der eigenen Geschichte darzustellen, ohne allzu üble Assoziationen an die Vergangenheit, wie den Völkermord an den südamerikanischen Indios oder die Inquisition, wachzurufen. Die Madrider lösten das nationale Dilemma geradezu salomonisch: Als Sinnbild für das katholische Spanien steht auf der 1-, 2- und 5-Cent-Münze die Wallfahrtskirche von Santiago. Sie wurde weniger aufgrund ihrer Bedeutung als Zentrum der Reconquista, der Rückeroberung maurischer Gebiete durch die Spanier, gewählt, ausschlaggebend war vielmehr, dass in den letzten Jahren unzählige Schauspieler und Selbstdarsteller die Kirche am Ende ihrer Pilgerfahrt auf dem Jakobsweg besucht und vor allem darüber geschrieben haben. Dadurch mutierte das Bauwerk zu einem überreligiösen Symbol der Besinnung auf das Wesentliche.

Oder der spanische Dichter Cervantes auf den 10-, 20- und 50-Cent-Münzen. Er ist einerseits ein Repräsentant des Goldenen Zeitalters, als Spanien versuchte, die Welt zu beherrschen, und andererseits dessen schärfster Kritiker, ein Sympathieträger also – und wesentlich akzeptabler als es ein Kolumbus, ein Pizarro oder ein Don Juan d'Austria gewesen wäre.

Die Gleichstellung von Mann und Frau ist in den letzten Jahren zu einem Schlüsselargument geworden, wenn es darum geht, aus europäischer Sicht arabische Herrschaftsformen als rückständig darzustellen. Auf den 152 unterschiedlichen nationalen Münzbildern Europas aber finden sich nur verschwindend wenig Frauenfiguren: die französische Nationalfigur Marianne, eine anonyme Säerin, Königin Beatrix aus den Niederlanden sowie auf dem österreichischen 2-Euro-Stück die Pazifistin und Trägerin des Friedensnobelpreises Bertha von Suttner. Wenn man die Europa auf den griechischen Münzen dazuzählt, die dort von Zeus in Gestalt eines weißen Stiers entführt wird, sind es insgesamt gerade einmal fünf Frauen. Auf 43 Münzen prangen Männer. Neben Königin Beatrix hat es nur eine weitere reale Frau ins Münzbild geschafft: Bertha von Suttner, mit der Österreich die europäische Friedensidee feiert.

Wenn die Abbildungen auf den Euro-Münzen ein Indikator dafür sind, wie Politikerinnen und Politiker die europäischen Ideale verinnerlicht haben, gibt es noch viel zu tun.

Wo das Geld spricht, schweigt die Wahrheit.
(Sprichwort)

40
60
1,60
NSM

Volker H. Isenmann / Christopher Röricht

# Geld und Glück

## SPIELAUTOMATEN – EIN SPIEGEL DES ZEITGEISTES

Spiel und Hoffnung auf Glück faszinieren die Menschen seit Urzeiten. Vom „spielenden" Geldgewinn träumen wir, seit es Münzen gibt. Geldspiel am Automaten wurde in den USA Ende des 19. Jahrhunderts dank des deutschstämmigen Auswanderers Charles August Fey möglich. Er konstruierte einen Automaten mit drei Walzen und fünf Symbolen – Hufeisen, Diamanten, Spaten, Herzen und einer Freiheitsglocke – und nannte diese Spielmaschine Liberty Bell. Später wurde daraus die Slot Machine, der erste „einarmige Bandit", dessen Prinzip bis heute in fast allen Casinos der Welt zu finden ist. 1910 kam die Fruit Machine dazu, ein weiterer Klassiker, bei welchem als Symbole Früchte verwendet wurden.

In Deutschland tauchten 1904 die ersten mechanischen Spielautomaten auf. Dabei handelte es sich um Automaten mit Geschicklichkeitsspielen, bei denen man Geld gewinnen konnte. Rund 50 Jahre später wurde in Deutschland mit dem Rotamint der erste elektromechanische Geldspieler produziert. Dieser Geldspielautomat gehört zu den Wirtschaftswunderjahren der jungen Bundesrepublik wie der Rock 'n' Roll, der Petticoat oder die Eisdiele und das Bahnhofskino. Dieses Spielgerät war in praktisch jeder Kneipe zu finden. Heute ist es ein begehrtes Sammlerstück.

Technischer Fortschritt wirkte sich auch auf Spielgeräte aus. Mechanische Spielautomaten wurden in den 60er-Jahren durch elektromechanische abgelöst, in den 70ern kam die Elektronik, und heute hat die digitale Welt Einzug gehalten. Schon lange drehen sich in den Geräten keine mechanischen Walzen oder Scheiben mehr, mittlerweile wird alles auf einem Bildschirm simuliert.

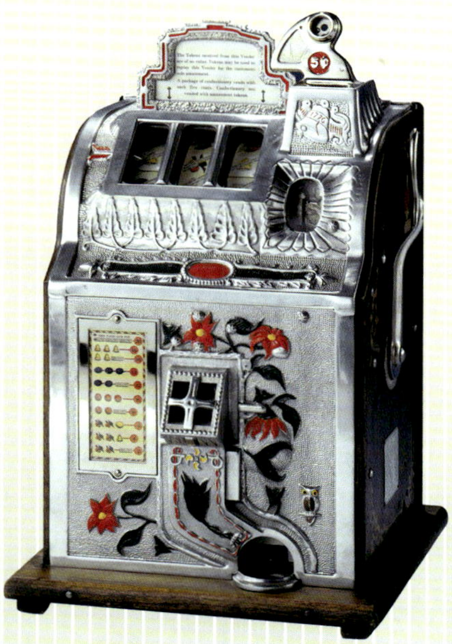

Das Geld vergnügt und quält alle.
(Jüdisches Sprichwort)

Das Aussehen wurde kontinuierlich dem Zeitgeist angepasst. Das Design der Automaten nahm modische Strömungen auf und spiegelte aktuelle Trends wider. War um 1905 der Zeppelin eine technische Sensation, fand sich das Fluggerät auch als Thema auf den Automaten wieder. Als die Eroberung des Weltraums im Mittelpunkt stand und der Sputnik die Aufbruchsstimmung einer Ära symbolisierte, war dieser künstliche Erdsatellit auf den Automaten abgebildet. Ähnlich verhält es sich mit der Farbgestaltung. In den 1960er-Jahren dominierte Gold, in den späten 70ern wurde das Design kühl, fast schon puristisch. In den 1980ern blinkten die meisten Geräte in grellen, bunten Neonfarben, die in den 90er-Jahren durch die Aluminium-Optik abgelöst wurden. Seit der Jahrtausendwende wird von den Spielautomatengestaltern vor allem schwarz verwendet.

Auch die Abbildungen auf den Geräten, mit denen die Herzen der Spieler erobert werden sollten, spiegeln die jeweils aktuellen gesellschaftlichen Moralvorstellungen. So findet man in den späten 50ern eine heute geradezu keusch anmutende Damenfigur auf der Scheibe eines Rotamint-Geräts.

Während sich das Design der Automaten im Laufe der Jahre ständig veränderte, blieben die Glücks- und Gewinnsymbole gleich. Die bunten Früchte auf den Automaten sind inzwischen 100 Jahre alt. Dazugekommen ist allerdings die in Märchen, Sagen und Mythen oft präsente „magische Zahl" 7 sowie Glückskäfer, Kleeblätter und Hufeisen. Von Anfang an wurden Gewinne akustisch begleitet. Während es früher mechanisch klingelte, ist heute der Sound digital gespeicherter Melodien und Klangeffekte zu hören.

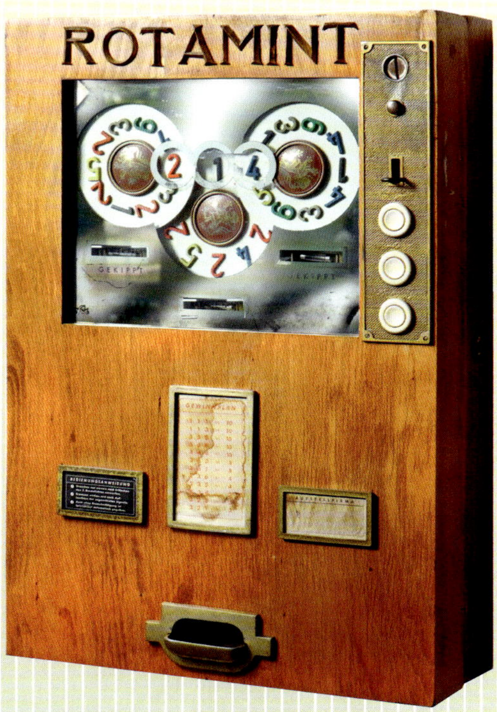

Wenn der Gelderwerb langsam ist, ist der Geldverlust schnell.
(Mongolisches Sprichwort)

214
FREI

APPARATEBAU · BINGEN/RH.

Rex

Münzspeicher
1 Spiel 30 Pf
Restbetrag wird vorgelegt
Münzeinwurf frei bei Licht
DM
00
Pf
25 Jahre NSM
Münzrückgabe
Gewinne und im Münzspeicher angezeigte Beträge werden nach Druck auf den seitlichen Rückgabeknopf zurückgezahlt.
NSM
mint®
start
stop
stop
Sonderspiele
777 = 50 + 3.-
= 50 + 3.-
= 30 + 3.-
= 20 + 3.-
= 10 + 3.-
= 10 + 3.-
Gewinnplan
Sonderspiele
Sonderspiele werden in 10er Schritten bis max. 109 addiert.
Während des Ablaufes der Sonderspiele wird jeder Gewinn auf 3.– DM erhöht. Außerdem gewinnen die »goldenen« Felder der Mittelwalze allein ebenfalls 3.– DM.
7 7 – = 1.-
= 1.-
= 1.-
= 1.-
= -.80
= -.50
= 1.80
= -.50
= 1.-
= -.30
Münzspeicher
Alle Gewinne werden gespeichert. Mit Erreichen von 100.– DM werden 10.– DM ausgezahlt.
Spielanweisung
Einsatz: 30 Pf
Höchstgewinn: 3.– DM
Mindestspieldauer: 15 Sekunden
Gewonnen wird entsprechend dem Gewinnplan. Der Spielablauf ist mit oder ohne Betätigung gewährleistet. Die linke Walze kann gestartet, die beiden anderen können gebremst werden, solange die zugeordnete Taste
Netzausfall werden Gewinne nicht gespeichert oder ausgezahlt und es erfolgt
Jugendliche unter 18 Jahren

f drücken!
Bei Versa
1,20
60
40
80
start
nderspiele
stop

START
S = Sonderspiele
Ss = Supersonderspiele
Js = Jackpotspiele
RISIKO
Riskierbare Beträge und Sonderspiele werden durch Aufleuchten in den Risikoleitern angezeigt, wobei das Feld des möglichen Gewinnes und das Feld "NICHTS" blinken. Durch Betätigen der zugehörigen Risikotaste wird das Feld des möglichen Gewinnes mit 50% Erfolgswahrscheinlichkeit ausgewählt. Beim Erreichen von 48 S werden 50 Ss zu 24 Ss, beim Erreichen von 40 S werden 50 Ss zu 10 Ss zum Risiko angeboten. Von einem 4,- DM - Gewinn können zunächst 3,20 DM riskiert und bei Risikoverlust 0,80 DM riskiert werden. Im Supersonderspiel kann ein 4,- DM-Gewinn zu 3 Ss riskiert werden.
Nicht riskierbar sind:
- Jackpotspiele
- Beträge zu Serienkombinationen
- Beträge in Sonder- bzw. Supersonderspielen bei einem Zählerstand von 10 und mehr, ausgenommen bei "7" oder "JOKER" auf der mittleren Walze.
100 Js
STOP
RISIKOAUTOMATIK
Sie wird durch Betätigen einer Risiko-Taste ein- oder ausgeschaltet. Bei eingeschalteter Risikoautomatik (angezeigt durch halbhell-leuchtende Risikotaste) wird außerhalb von Serien automatisch bis zum Erreichen von Sonderspielen riskiert.
SERIEN-TRESOR DM
Erreichte S, Ss und Js
Maximal werden 150 S, Ss und Js nacheinander gegeben.
RISIKO-LEITER
50 Ss
8 S
4 S
2 S
6 S + START
AUSSPIELUNG SUPER-SONDERSPIELE
5 S + START
AUSSPIELUNG SUPER-SONDERSPIELE
nicht möglich nach Gewinn von Supersonderspielen und nach Teilgewinnübernahme
triomint
DER JACKPOT
50
40
20
10
5 S
2 S
2.40
1.20
60
30
AUSSPIELUNG
NICHTS
BEI:
KEINE STARTAUTOMATIK
START
STARTAUTOMATIK
START-AUTOMATIK
Durch mehrmaliges Betätigen der Start-Taste kann zwischen zwei Startautomatiken, welche entweder alle Symbole außer bei "7" oder Doppel-"7" automatisch nachstarten oder keiner Startautomatik gewählt werden. Die jeweilige Funktion wird durch Leuchtfelder über der Starttaste angezeigt.
AUSSPIELSTOP
TEILGEWINN-ÜBERNAHME
Ab 6 S kann mit der Taste die Differenz zu 2 S bzw. 3 S übernommen werden, falls diese nicht durch Risiko erzielt wurden. Andernfalls kann die Differenz zum vorhergehenden Feld übernommen werden.
STOP
VOLLGEWINNÜBERNAHME
RISIKO-AUTOMATIK
RISIKO 1:1

Bei Licht
Credit-Anzeige
TAKE OFF
777 100
50
100
40
80
30
60
20
40
10
20
5
10
3
6
2
4
BONUS
RISIKO
GEWINN
STOP
NO LOSE RISIKO
RISIKO
ERFOLG
x4
x2
x1,5
ERFOLG
BONUS
HLUNG
COLLECT
START/STOP

Klaus Meyer-Steffens

# GELDAUTOMATEN

## DER TRICK: GLEICHE GRÖSSE, GERINGERER WERT

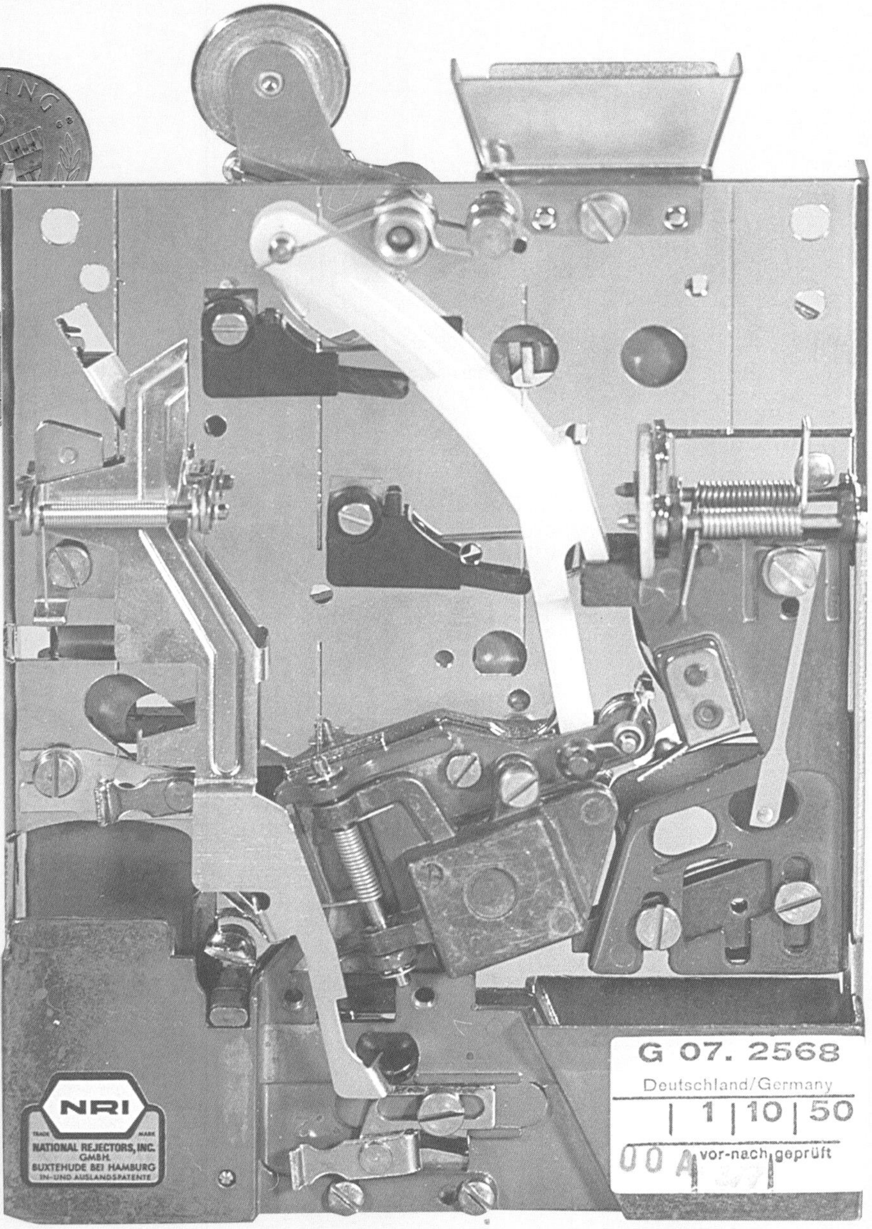


Oft waren die Münzherren selbst die ersten Fälscher, indem sie bei Gold- und Silbermünzen das wertvolle Metall vom Rand abfeilten. Es wurden aber auch heimlich unedle Metalle beigemischt oder sogar Kupferscheiben mit einer dünnen Silberschicht versehen. Um Betrug zu vermeiden, wurde das Geld gewogen und das erste Sicherheitsmerkmal eingeführt – die Rändelung. Der Münzrand wurde mit Riffeln oder Schrift versehen. Merkmale, die mit bloßem Auge zu erkennen und zu ertasten sind.

Ab dem 17. Jahrhundert wurden Gold und Silber durch minderwertige Materialien wie Kupfer und Messing ersetzt. Seit rund 100 Jahren haben Münzen vielfach Stahlkerne und sind nur noch mit kupfer-, silber- und goldfarbenen Materialien beschichtet, wie heute die 1-, 2- und 5-Euro-Cent. Nach außen wertvolles Aussehen, im Innern wertloser Stahl. Der materielle Wert der Münze liegt weit unter dem nominellen. Der Differenzbetrag zwischen dem Münzwert und den Herstellungskosten ist der Münzgewinn, den der Finanzminister einstreicht.

Mit scharfem Blick nach Kennerweise, seh' ich zunächst mal nach dem Preise.
– Wilhelm Busch –

Um es Fälschern schwer zu machen, birgt das Innenleben der heutigen Münzen raffinierte Technik und viele geheime Sicherheitsmerkmale. Damit können Geldautomaten echtes von falschem Geld unterscheiden.
Aber auch echte Münzen sind ein Problem, wenn sie aus fremden Ländern stammen, weniger wert sind und den teuren ähneln. Zu DM-Zeiten wurden Geldautomaten ausgetrickst, indem das 1-DM-Stück durch die österreichische 5-Schilling-Münze (Wert 70 Pfennig), das englische 5-Pence-Stück (Wert 20 Pfennig) oder die polnische 20-Zloty-Münze und das ungarische 5-Forint-Stück ersetzt wurde. Die letzten beiden waren weniger als 10 Pfennig wert.
Mit der Einführung des Euro war die nächste Herausforderung für die Konstrukteure der Münzprüfer, Falsifikate dieser neuen Währung herauszufischen.

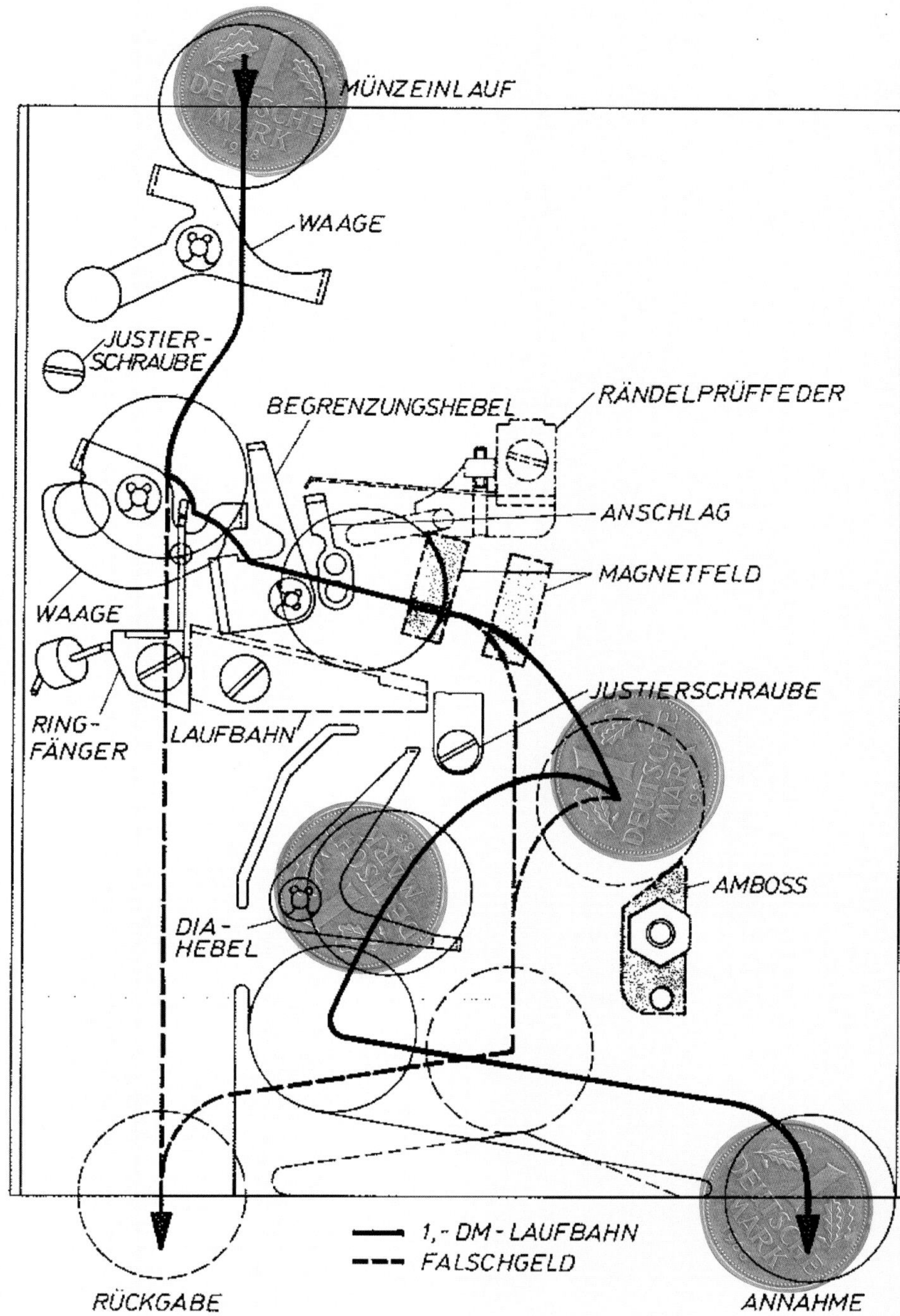

Zeit ist Geld, und Geld ist teuer.
(Sprichwort)

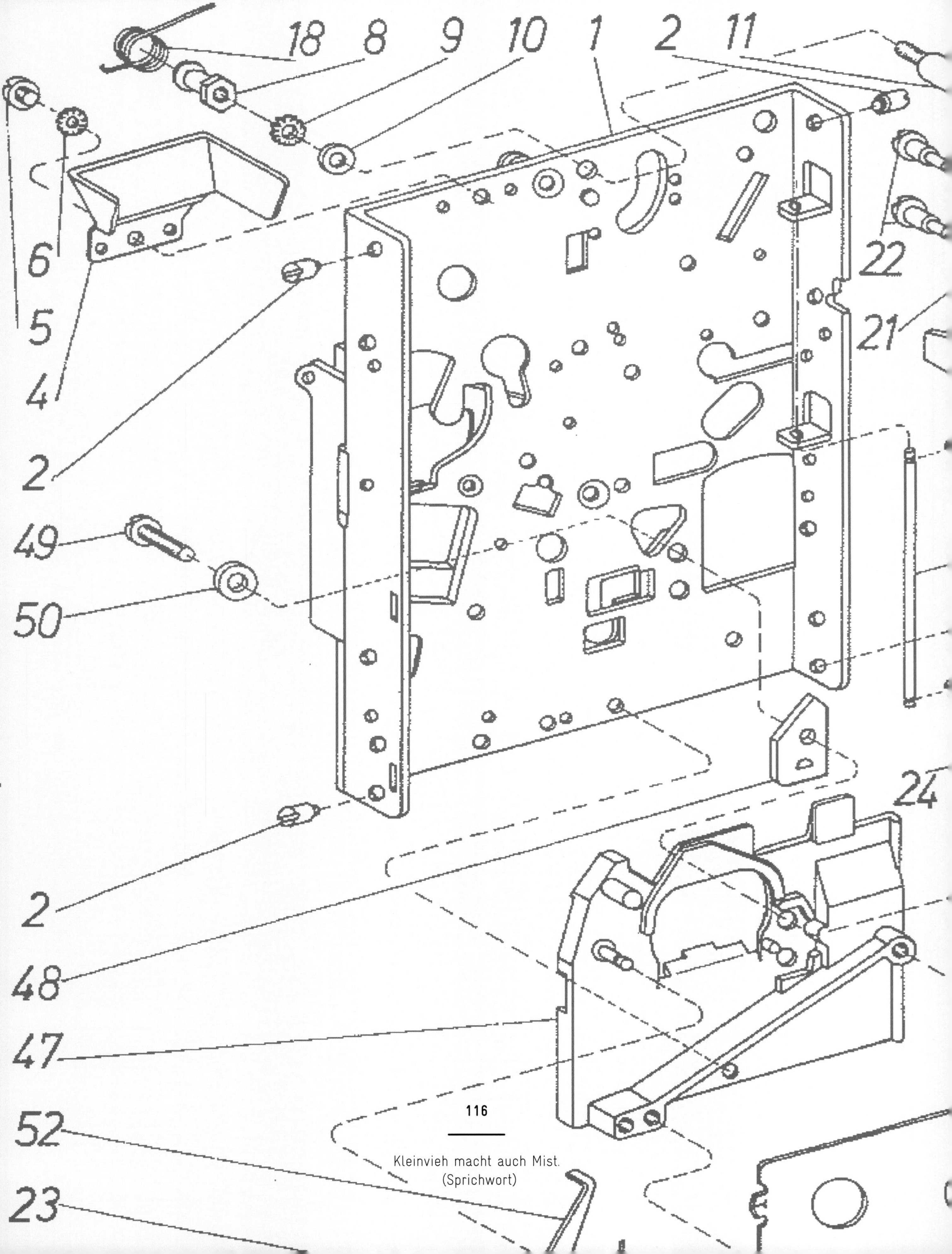




Kleinvieh macht auch Mist.
(Sprichwort)

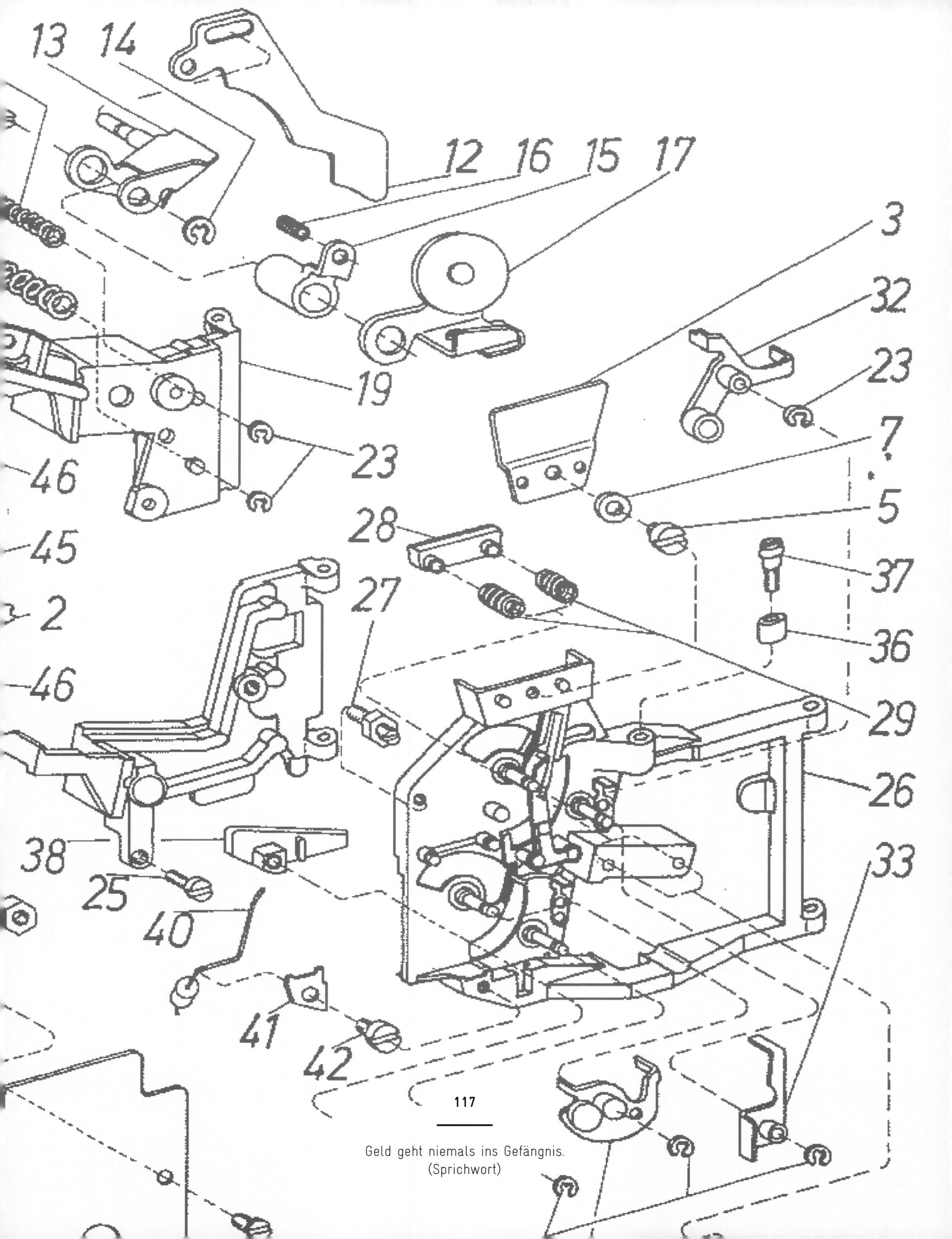




Geld geht niemals ins Gefängnis.
(Sprichwort)

Sex
World

Helmut Höge

# Der Trieb beherrscht die Summe

In dem Maße, in dem die Zirkulation des Geldes sich beschleunigt, wird auch der Geschlechtsverkehr immer schneller. Das noch vergleichsweise behäbige biblische „Beiwohnen" hat sich in kurzen knappen „Sex" verwandelt, mit den Spezifika: One-Night-Stand oder Quicki u. a.

„Sex sells!" sagte man sich einst in der Werbebranche – und heute ist diese Erkenntnis in fast allen Branchen gereift. Kaum eine Ware kommt noch ohne das Versprechen auf Sex aus. Aber nur die sich prostituierenden Frauen (und Männer) lösen den dergestalt ständig wachgehaltenen Wunsch nach körperlicher Nähe und geschlechtlicher Vereinigung auch tatsächlich und sofort ein.

Folgt man der Kulturwissenschaftlerin Christina von Braun, dann entstand sowohl die Prostitution als auch die Geldwirtschaft im sakralen Bereich des antiken Tempels. Und beide verließen diesen Raum etwa zur selben Zeit und wurden profan. Die ersten quasi offiziellen Bordelle gehen auf den athenischen Gesetzgeber Solon (594 v. Chr.) zurück. Für von Braun hatte die „Käuflichkeit" der Sexualität die Funktion, die Bindung des Geldes an die Materie zu gewährleisten. Die Frau agierte somit zwischen dem Symbolischen und dem Natürlichen – auf diese Weise stellte sie die „Deckung" des symbolischen Geldwerts sicher: „Der männliche Körper repräsentierte das Zeichen auf der Münze, während der weibliche Körper den materiellen Gegenwert zu diesem Zeichen symbolisierte. [...] Der sexuelle Leib wurde zur Inkarnation der abstrakten Geldzeichen."



Für Geld bekommt man Kleider und Schuh und noch viel dazu.
(Lateinisches Sprichwort)

Die Ex-Hure Alice Frohnert, Autorin zweier Bücher über Prostitution, weist darauf hin, dass die Prostitution häufig aus Not, aus Mangel an Alternativen ausgeübt wird. Viele Frauen aus Osteuropa gingen hierzulande anschaffen, weil sie zu Hause keine Arbeit mehr fänden, „aber man muss auch erwähnen, dass diese Frauen anfangs geil auf westliche Männer waren – aus der Schweiz oder aus Luxemburg zum Beispiel. Das hat auch was mit den West-Medien und Filmen zu tun, etwa mit ‚Pretty Woman', den sich einige Kolleginnen von mir bis zu zehn Mal angeguckt haben. Ich bin ja schon länger im Westen, für mich war seinerzeit der Film ‚Belle de Jour' wichtig."

Der Münchner Klatschkolumnist Michael Graeter ist davon überzeugt: „Im Leben geht es nur um Geld und Sex, um sonst nichts." Und speziell in den Beziehungen von Reichen und Prominenten laufe „der Sex mit dem Geld mit". Den Armen und Anonymen steht dafür heute eine ganze Sex-Industrie zur Verfügung. Allein im Internet gibt es 420 Millionen Webseiten mit pornografischen Inhalten. In den USA, wo die Prostitution in vielen Staaten verboten ist, florieren wie in vielen anderen Ländern weltweit Telefonsex, Cybersex, S/M, Sex Work as Performance Art (zum Beispiel Nacktputzen), Striptease, Table-Dance, Go-go-Dancing und Massageangebote. In Deutschland, wo man die US-Wirtschaftsideen noch stets kopierte, geht man in den Bordellen mit Table-Dancing mittlerweile so weit, dem Gast vorab Dollarnoten einzuwechseln, damit er den Tänzerinnen keine schnöden Euroscheine in den Slip steckt – obwohl diese seine Dollars nach Feierabend wieder in Euro zurücktauschen. Eine komplizierte Transaktion, die verständlich wird, wenn man der Unterscheidung des Philosophen Jacques Derrida folgt, der das „Monetäre" vom „Geld" trennt: Ersteres bezeichnet

Erfahrung kostet Geld.
(Jüdisches Sprichwort)

den ökonomischen Wert und Letzteres den symbolischen Überschuss, von Derrida auch „Geist des Marktes“ genannt; dieser treibt bei den deutschen Table-Dancing-Dollars die Idee von Nützlichkeit, Profit und effektiver Ausbeutung bis zur Vergeudung weiter – und macht sie damit lächerlich. Die Simulationen von Tanzkunst, Sexversprechen und Warenwelt werden so eins.

Zwar streitet man noch immer darüber, ob das Geld-gegen-Sex-Angebot der Männer die Frauen zu Prostituierten macht – oder das Sex-gegen-Geld-Angebot der Frauen die Männer zu Freiern. Klar ist aber, dass auch bei den sexuellen Dienstleistungen im Falle eines Überangebots die Preise sinken, während sie bei zunehmender Nachfrage steigen.

Als die Drucker des Westberliner „Tagesspiegels“ in den 60er- und 70er-Jahren im Arbeitskampf standen, gewährten die Prostituierten den Streikenden 50 Prozent Rabatt. Ähnliches berichtet der chilenische Autor Hernán Rivera Letelier in seinem „Lobgesang auf eine Hure“ über die Salpeterarbeiter, die während ihrer Streiks bei den „Pampamädchen“ anschreiben lassen konnten.

In Berlin, wo es etwa 600 Bordelle gibt, so viele wie Banken in Frankfurt, klagen Prostituierte neuerdings darüber, dass sich langjährige „Stammkunden“ von ihnen verabschieden – mit der Begründung, sie hätten kein regelmäßiges Einkommen mehr. In einigen Bordellen wurde jetzt eine „Flatrate“ eingeführt: Für einen Festpreis (zwischen 70 und 100 Euro) kann der „Kunde“ so oft Sex haben, wie er möchte, mit so vielen Frauen, wie er will. Einige Politiker bezeichnen diese Praxis inzwischen als „moderne Form der Sklaverei“ – die Prostitution habe damit vollends „die Grenze zur



Ein schwerer Beutel macht leicht eitel.
(Sprichwort)

Ware überschritten". Neben dem Druck, schnell fertig zu werden (Geld ist Zeit), entfällt damit jedoch das, was in den Bordellen „Orgasmus garantiert" heißt und worüber Prostituierte schon lange klagen: „Ich machte im ‚Lord Gabriel' in Berlin-Friedrichshain wiederholt die Erfahrung mit Freiern", berichtet etwa die ukrainische Ex-Prostituierte Lilli Brand in ihrem Buch „Transitgeschichten", „dass sie versuchten, in den 20 Minuten, die 40 Euro kosteten, zweimal zu kommen'."

Trotz der scheinbar omnipräsenten Verquickung von Sex und Geld existieren noch vereinzelt kleine Volksstämme, die von diesem (Preis-Leistungs-) Denken noch nicht infiziert sind und weder Geldwirtschaft noch Prostitution kennen. Ihre auf Gabentausch basierende Gesellschaftsform wird in einigen modernen südostasiatischen Ländern von den Prostituierten simuliert, indem diese statt Geld ein „persönliches Geschenk" von den Freiern fordern. Im indischen Bundesstaat Andhra Pradesh gibt es sogar noch etwa 25 000 Tempelprostituierte.

In der westlichen Mediengesellschaft hat die inzwischen legalisierte Prostitution einen anderen Ausweg aus ihrer anhaltenden moralischen Ächtung gefunden: „Porn is chic." In der Wiener Kunsthalle fand dazu kürzlich eine Ausstellung statt: „The Porn Identity", eine Art „Zwischenbilanz". Mit dem Rat der Umschulungsexperten an Arbeitsuchende – ‚Sie müssen lernen, sich besser zu verkaufen!" – geht ein neues Bewusstsein vom Körper und seiner

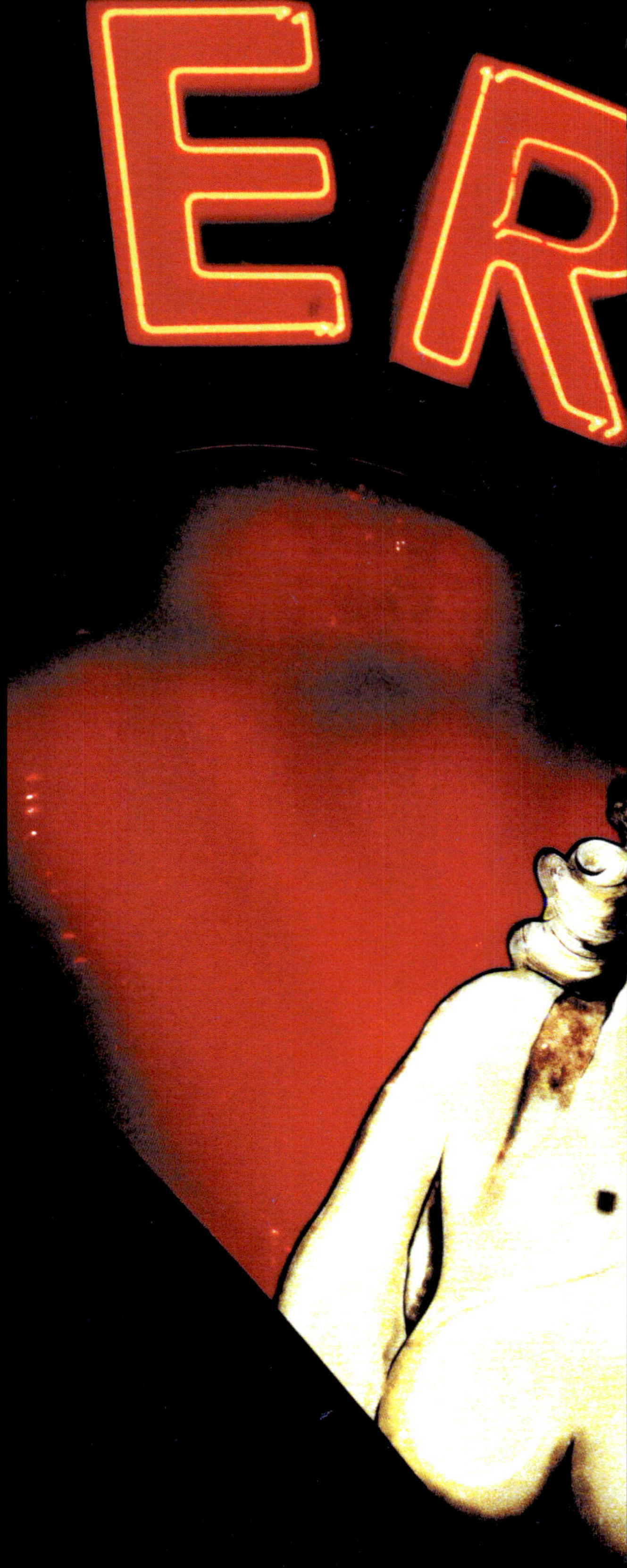

Anpassung einher. Die Prostitution findet dabei in Form der Pornografie vom bisherigen verruchten Rand her Eingang in den sauberen Mainstream. Der Medientheoretiker Georg Seeßlen brachte das auf die Formel: „Dein Körper gehört dir, nicht wie ein geistiges oder historisches Eigentum, sondern wie ein Auto oder ein Bankkonto. Er gehört dir wie Waren im Kreislauf, du kannst ihn verkaufen, vermieten, darauf sitzen bleiben, ihm Mehrwert abtrotzen oder ihn verspekulieren. Je neosexueller du bist, desto weniger kannst du Heimat in ihm haben, aber desto mehr Profit kannst du ihm entnehmen." Der erste US-Pornostar Linda Lovelace („Deep Throat") musste, so sagt man, von seinem Zuhälter/Regisseur noch gezwungen werden, öffentlich zu behaupten, es habe Spaß gemacht, aber schon Debbie Harry (Blondie) nahm man es ab, dass es „Fun" sei, für Sex-Dienste auch noch bezahlt zu werden. Inzwischen sind nicht wenige Pornodarstellerinnen bereits zu „Weltstars" avanciert, andere wurden Politiker (Cicciolina), Geschäftsfrauen (Teresa Orlowski) oder Buchautoren mit eigener Talkshow (Dolly Buster).

Da sind wir nun: In der „BZ" werden bereits Tipps gegeben, was zu tun sei, wenn man nur noch vor laufender Kamera vögeln könne. Und was kommt danach? Als einer von Paris Hiltons Ex-Liebhabern einen mit ihr gedrehten Privatporno unter dem Titel „One Night in Paris" vermarktete, wollten ihn die Eltern von Paris, besorgt um den Ruf ihrer Tochter, wegen „Vergewaltigung" verklagen; Paris Hilton setzte stattdessen jedoch eine Gewinnbeteiligung durch.



Der ärmste Mann in der Welt ist der, der nichts hat außer Geld.
(Sprichwort)

JÜRGEN HARTEN

# SCHÖNE TEURE KUNST

Paolo Veronese, 1528–1588, Juno schüttet Reichtum über Venedig aus

Geld ist eigentlich unsichtbar. Jeder weiß, dass die enormen Summen, die laufend elektronisch um den Globus geschickt werden, reine Kalküle sind. Nur das Geld, das wir nach alter Gewohnheit im Alltag ausgeben, zirkuliert für alle sichtbar in der Form von Münzen und Banknoten, ergänzt seit Kurzem um allerlei Kreditkarten. Dabei bleibt die Geltung der Währung, auf die wir uns verlassen, ebenso unsichtbar wie der Kredit, von dem unsere Kreditkarten zehren, während ausgediente Münzen und Banknoten, deren Werte verflogen sind, höchstens noch von numismatischem Interesse sind. Das Geld, das tatsächlich gilt, hängt von der Akzeptanz der Währung ab und ist weder mit den Trägern der Wertzeichen identisch, noch, wie in alten Zeiten, mit den Edelmetallen, die nach Gewicht und Reinheit bewertet und in Münzen geprägt wurden. Was man spätestens seit einem halben Jahrhundert unter Geld versteht, beruht auf konzeptuellen Vereinbarungen und ist rein hypothetischer Natur. So kann auch die Kunst dem Geld nur indirekt zur Anschauung verhelfen, und zwar entweder, indem sie den Währungen ihr Gesicht gibt, oder wenn sie, wie in der überlieferten Malerei, den Gebrauch des Geldes im gesellschaftlichen Kontext schildert. Hinzu kommen im 20. Jh. Möglichkeiten einer eher konzeptuellen Kunst, die die Performance des Geldes mit ihrer eigenen vergleicht, und schließlich Werke, die sich in der Konsumwelt positionieren und dabei manchmal den widersprüchlichen Eindruck einer freundlichen Übernahme der Kunst durch das Geld erwecken.

Aus heutiger Sicht mögen Banknoten als die ersten Massengrafiken und Münzen als die ersten Multiples betrachtet werden. Im Laufe der Geschichte haben unzählige Medailleure, Graveure und Grafikdesigner ein variantenreiches Erscheinungsbild des Geldes hervorgebracht. Eine Fülle von Ideogrammen und Piktogrammen, von Symbolen, Kennzeichen, Wahrzeichen und Hoheitszeichen, die sich auf wertvolle Güter, auf die Autorität des zuständigen Souveräns oder auch auf die Herkunft des Geldes beziehen, zieren die Münzen; Banknoten warten mit Emblemen der Herrschaft und der Produktivität auf oder signalisieren, wie der Dollar, ein allgemeines Gottvertrauen.

Zur Numismatik können außerdem die oft sorgfältig gestochenen Reproduktionen in den Bestandskatalogen fürstlicher Münzsammlungen gezählt werden, ebenso wie schlichte Bilder von Münzwerkstätten oder plastische Darstellungen der antiken Vorläufer unserer Banken, die mit Münzen beladenen Tische, die Geldhändler an Orten wie zum Beispiel in den Nischen des Stadttores von Milet aufstellten. Auf mittelalterlichen Illustrationen ist überliefert, dass die ersten Bankhändler in Genua und anderen mittel- und oberitalienischen Städten anfangs ähnliche Ladentische benutzten, die „banco" genannt wurden, bis daraus „banca", die heutige Bezeichnung für die Lokalität des Geldes, geworden ist.

In der Kunstgeschichte, sofern damit die Gattungen der Fresken, der Wand- und Deckenmalerei sowie der Tafelbildmalerei gemeint sind, fällt zunächst auf, dass das Geld immer im Zusammenhang mit religiösen, mythologischen, moralischen oder sittengeschichtlichen Vorstellungen dargestellt wird, die seiner ökonomischen und zugleich kulturökologischen Präsenz entsprechen. Bezieht sich das Mittelalter dabei vor allem auf Quellen des Neuen Testaments, so erweitert die Renaissance das Bildprogramm um christlich interpretierte Erzählungen aus dem Alten Testament und Allegorien aus dem Fundus der griechisch-römischen Mythologie. Bei den meisten Bilderzählungen genügen als Attribute des Geldes ein Geldbeutel oder ein paar Münzen. Spezifische Motive wie der Geldverleih, das Eintreiben der Steuern oder die kaufmännische Buchhaltung, sind relativ selten, wobei meistens Nebenbedeutungen mitschwingen, die das Klima anzeigen, in dem das Geld gedeiht und der Reichtum wächst.

Man könnte eine Kunstgeschichte des Geldes mit einem religiösen Apriori von sehr nachhaltiger Wirkung beginnen, das auf die Befragung Jesu über die Bestimmung des Geldes



Setz dein Geld ein für den Bruder und Freund,
lass es nicht rosten unter dem Stein, bis es verdirbt.
– Das Buch Jesus Sirach –

zurückgeht. Der im Neuen Testament zum Thema des „Zinsgroschens" überlieferte Text schildert, wie einige Pharisäer beabsichtigen, die Autorität Jesu auf die Probe zu stellen, und deshalb vorgeben, nicht zu wissen, wem sie Tribut schulden. Sie zeigen Jesus einen Denar, eine römische Münze, die im Tempel zur Zahlung der fälligen Steuer nicht verwendbar ist, weil sie das Bild des Kaisers der Besatzungsmacht trägt, hätten diesen Denar aber auch gleich bei einem Wechsler gegen Schekel eintauschen können. Jesus rät ihnen in Übereinstimmung mit den Vorschriften des Alten Bundes gegen den Missbrauch des Geldes, sie mögen dem Kaiser geben, was dem Kaiser gehört, und Gott, was Gott gehört. In der christlichen Apologetik steht diese Auskunft ebenso wie die Vertreibung der Wechsler aus dem Tempel, mit der Jesus sich bei anderer Gelegenheit tatsächlich Autorität verschafft, jedoch grundsätzlich für die Trennung des Sakralen vom Profanen. Seitdem unterscheidet das Christentum zwischen den eigentlichen, zu glaubenden, ewigen Werten und den uneigentlichen, zu bezweifelnden, vergänglichen Gütern. Man kann sich leicht vorstellen, dass diese Vision zweier Welten unter dem Druck des profanen Geldes schließlich auf die Frage hinauslaufen musste, wie denn die höheren Werte in der Realität geltend gemacht werden könnten. Seit dem 12. Jh. wird das Brot der Eucharistie in Gestalt einer mundgerechten Münze verteilt, und die Hostie gilt als Währung des Heiligen. Sie soll es sein, die bei gläubigem Gebrauch, Erlösung gewährt, während das profane Geld, sofern es nicht der Kirche zum Opfer gebracht oder zum Wohl der Mitmenschen eingesetzt wird, von Verdammnis bedroht bleibt. Auf Altarbildern des 15. und frühen 16. Jh. mit Darstellungen des Jüngsten Gerichts ist Geld immer als Zeichen für Habgier, Völlerei und Geiz auf der Seite der Hölle zu finden. Und auf kaum einer Allegorie der Vanitas, der Eitelkeit und Vergänglichkeit des Daseins, lauert nicht der Tod.

1427/28 gelingt Masaccio mit seinem Petrus-Zyklus in der Brancacci-Kapelle der Kirche Santa Maria del Carmine in Florenz ein künstlerisch bahnbrechendes Werk, das zugleich eine neue, in die Zukunft weisende Botschaft über das Geld enthält. Auf dem zentralen Fresko ist zu sehen, wie Petrus, der Gründerapostel der Kirche, im Auftrag Jesu einem Boten einen „Zinsgroschen" entrichtet. Mit dieser Szene gibt die Kirche zu erkennen, dass sie bereit ist, die Medicis, die für den Vatikan Steuern eintreiben, für ihre Tätigkeit finanziell zu entschädigen. Die christliche Geißelung der Habgier und des Eigennutzes bleibt dennoch, wie später gerade in Florenz der bilderstürmerische Auftritt des Bußpredigers Savonarola zeigt, noch lange wirksam, wird aber bald um eine humanistische Version ergänzt, die sich auch künstlerischer Beliebtheit erfreut. Der weise griechische Staatsmann Solon, so will es die Legende, verabscheut den protzigen Reichtum des lydischen Tyrannen Krösus.

In der Mitte des 16. Jh. erhält Veronese den Auftrag für mehrere Deckengemälde im Dogenpalast Venedigs. Auf einem seiner Gemälde im Saal des „Rates der Zehn" ist zu sehen, wie Juno Zeichen des Reichtums über Venedig ausschüttet. Die Göttermutter lässt die Schätze ihres Füllhorns – Kronen, Juwelen einen Lorbeerkranz – zusammen mit goldenen Münzen auf die ihr huldigende Venezia herabregnen. Juno mag noch an die Juno Moneta, die Wächterin über das Geld, erinnern, in deren Tempel im alten Rom Münzen geprägt und aufbewahrt wurden. Bemerkenswerter ist jedoch, dass diese Allegorie eines in Wirklichkeit hart erkämpften Wirtschaftswunders Geld und Reichtum als göttliche Gaben darstellt. Nicht zufällig haben zur gleichen Zeit Maler wie Tintoretto das mittelalterliche Thema des Manna-Wunders wieder aufgegriffen. Nach biblischer Überlieferung fielen nachts Brote vom Himmel, von denen sich das jüdische Volk während seiner 40-jährigen Wanderschaft durch die Wüste ernährte. Die mit diesem Thema verbundene retrospektive Lobpreisung Gottes geht in dem Topos der Ausschüttung himmlischer Gaben auf, dessen monetäre Wendung noch heute in der Vorstellung von der Emission frischen Geldes anklingt, während die Welthungerhilfe an die karitative Komponente anknüpft.

Inzwischen erfüllt Tizian, der berühmteste Maler Venedigs, mit verschiedenen Fassungen der Danae subtile Wünsche seiner Auftraggeber nach einer erotischen Interpretation des himmlischen Geschenks. Der Legende nach hat sich der Göttervater Zeus in einen goldenen Regen verwandelt, um die Geliebte in ihrem Versteck zu schwängern. Dass es Gold in der Form von Münzen regnet, ist schon auf Beispielen der antiken Keramik-Malerei zu sehen. Das reizvolle Motiv entwickelt in der nachfolgenden Malerei, etwa bei Artemisia Gentileschi, Rembrandt, Boucher oder Klimt, eine variantenreiche Eigendynamik. Der Link von der dem Geld eigenen Potenzialität zur sexuellen Potenz ist jedoch nirgendwo eindeutiger als auf einem dekorativen französischen Wandgemälde des 17. Jh., wo Amor vorführt, wie er seinen Köcher mit Münzen auflädt.

Wo aber Fortuna herbeischwebt und mit verbundenen Augen etwas zu verteilen vorgibt, mischt sich die Verheißung des Glücks mit dem Gefühl für die Willkür der großen Bescherung. Die Kunst greift zu allem, was fragwürdig oder zweifelerregend zu sein scheint, vom Betrug beim Spiel um Geld und Gunst bis zu den Anzüglichkeiten der käuflichen Liebe; sie flicht dem Geld Kränze des Falschen. Zugleich aber feiert die Porträtmalerei die Bedeutung der Geldverleiher und Kaufherren und belegt damit den wachsenden Einfluss finanzkräftiger Unternehmer wie der Fugger in Augsburg und den Aufstieg mächtiger Handelszentren in Städten wie Antwerpen oder später London.

Als der junge Caravaggio am Ende des 16. Jh. mit Gemälden über die Berufung und das Martyrium des heiligen Matthäus beauftragt wird, die für die Contarelli-Kapelle der französischen Kirche in Rom bestimmt sind, hat er die Aufgabe, im Zuge gegenreformatorischer Kunstpolitik die Vereinbarkeit von Geschäft und Kirchentreue zu illustrieren. Der Zolleinnehmer im Apostelamt muss zwar für seine Berufung das Martyrium erleiden, verleiht damit aber seinem Stand ein umso ehrenwerteres Ansehen. Beispiele der „Berufung des Matthäus" sind schon mehr als ein halbes Jahrhundert vor Caravaggio in der niederländischen Malerei zu finden.

1514 malt Quentin Massys in Antwerpen eine altmeisterlich anmutende, als profan geltende Darstellung eines Bankmenschen und seiner Frau, und entwirft damit einen Bildtypus, von dem Nachahmer mit manchmal karikierender Absicht ausgiebig Gebrauch machen. Im selben Jahr wählt Tizian das damals fortschrittliche Format des Halbfigurenbildes für sein Zinsgroschen-Gemälde. Ein ähnliches, auf die Präsenz der abgebildeten Personen zugeschnittenes Format kommt in den ersten Jahrzehnten des 16. Jh. bevorzugt in der Tafelbildmalerei der Porträts prominenter Fürsten und Großbürger zur Anwendung. Nach diesem Muster konzipiert 1532 Hans Holbein der Jüngere auch sein Porträt des in einem engen Interieur dargestellten Kaufmanns Georg Gisze. Wie eine lateinische Inschrift im Sinn von „ohne Fleiß kein Preis" – das heißt mit Cicero: ohne Mühe kein Lustgewinn – zu erkennen gibt, wird hier das Vorbild eines standesbewussten Kaufmanns gefeiert, der sein Ansehen verdient hat, ohne sich dafür entschuldigen zu müssen. 120 Jahre später verweist ein erstaunliches kleines Gemälde von Nicolaes Maes schon auf die Globalität ökonomischer Verhältnisse. Auf der oberen Bildhälfte hängen hinter der bedächtig rechnenden Buchhalterin eine Weltkarte an der Wand und daneben, wie zum Andenken an eine antike Beschützerin, ein plastisches Medaillon.

Das Gemälde „Porträts an der Börse" von Edgar Degas ist 90 Jahre nach der französischen Revolution entstanden und spricht die Sprache der kapitalistischen Moderne. Degas, ein Beobachter par excellence, der aus einer Familie von Bankiers und Baumwollhändlern stammt und sich hinter den Kulissen des liberalen Bürgertums auskennt, erfasst hier wie im Ausschnitt einer Momentaufnahme ein Stück börsentypischer Verabredung. Im Zentrum des spekulativen Herrengeflüsters steht der Kunstsammler und Herausgeber einer Kunstzeitschrift Ernest May. Aus ungefähr der gleichen Zeit stammt der „Mammon" von George Frederick Watts. Der wohlhabende, nichtsdestoweniger gesellschaftskritische Künstler, der in London den Ruf einer Kultfigur genießt, erregt mit seiner an Krösus erinnernden, symbolistischen Ikone im Stil der venezianischer Malerei des 16. Jh. öffentliche Aufmerksamkeit. Im September 1904, wenige Monate nach seinem Tod, erscheint



Oft verbirgt sich der Geiz unter dem Namen der Sparsamkeit
und die Verschwendung unter dem Vorwand der Freigiebigkeit.
– Papst Gregor der Große –

im „Daily Express“ unter dem Titel „Imaginary and Real“ eine Gegenüberstellung seines „Mammon“ mit einem Porträt John D. Rockefellers und der Zeile „der größte Geldtyrann, den die Welt je gekannt hat“.

Seit dem späten 18. Jh. perfektioniert die Malerei ihr Medium allmählich so weit, dass sie dieses als ein „Trompe-l'œil“, als eine Augentäuschung, zu reflektieren erlaubt. Wenn im Genre der Vanitas noch die Beständigkeit der Dinge genüsslich in Zweifel gezogen wird, so weckt nun die Raffinesse der Sinnestäuschung den Zweifel an der scheinbaren Übereinstimmung der Abbildung mit dem Abgebildeten. In Begriffen des Geldes formuliert, thematisiert die Trompe-l'œil-Malerei mit der Täuschung die Möglichkeit eines falschen Tausches, der auf einem nicht einlösbaren Versprechen beruht und Zweifel an den verwendeten Zeichen aufkommen lässt. Sie begleitet die Epoche, die den großen Aktienschwindel eines John Law erlebt hat, und schmeichelt dem Misstrauen, das dem neu aufkommenden Papiergeld entgegenschlägt.

Von der Hand Louis-Léopold Boillys, einem französischen Autodidakten aus revolutionärer und napoleonischer Zeit, dessen Bilder wegen ihrer Natürlichkeit sehr beliebt waren, ist ein Trompe-l'œil überliefert, das der Künstler auf die Platte eines Tischchens gemalt hat. Das sorgfältige, wie zufällige Arrangement vereint minutiös wiedergegebene Münzen mit Indizien des Spiels, der Verblüffung, des Schreibens und der Evidenz des Sichtbaren, ja sogar, wie im Vorgriff auf Verfahren des 20. Jh., der Collage. Bald erscheint auch Papiergeld im Format des Trompe-l'œil, zumal die Vorlage einer Banknote relativ leicht zu kopieren und zu vergrößern ist. Seit Maler wie William Harnett, John Haberle oder Victor Dubreuil in den USA im letzten Drittel des 19. Jh. gebrauchte Dollarscheine zum Motiv gemalter Devotionalien machen, ist das Bild des Dollars aus der Kunst nicht mehr wegzudenken. Damals erfinden versierte Tüftler auch das „Ghost Money“, Geldscheine mit einschlägigen Merkmalen, jedoch von rein fiktiver Bedeutung, und schon 1894 malt Ferdinand Danton Jr. ein Trompe-l'œil zum Thema „Time is money“. Der Titel erscheint auf seinem Bild gleich doppelt: sowohl in Worten auf dem Schildchen, das an ein hölzernes Schließfach geheftet ist, als auch in gegenständlicher Übersetzung, mit der Uhr als Subjekt, dem Dollarbündel als Objekt und den in der Mitte ins Holz gekerbten Buchstaben des Prädikats. Dass die Dinge hier im Auftrag von Wörtern funktionieren, nimmt die Objektsprache des Dadaismus vorweg, und dass das Geldbündel gegen die Zeit aufgewogen wird, offenbart die zunehmende Effizienz des Geldes.

Bei Marcel Duchamp wird aus dem Trompe-l'œil ein ironisches Trompe-valeur, eine Wertvortäuschung, wodurch die bloß ästhetische Täuschung tatsächlich zum Tauschversuch gerät. Erst provoziert er 1917 mit dem heute legendären, als „Fontäne“ deklarierten Urinoir die Kunst, dann simuliert er das Geld. 1919 bezahlt er mit einem geschickt imitierten Scheck einer frei erfundenen „Teeth's Loan and Trust Company, Consolidated“ seinen Zahnarzt namens Tzanck, kauft diesem den Scheck allerdings einige Jahre später für einen erheblich höheren Betrag wieder ab. 1924 versucht er mit fingierten Obligationen des Casinos von Monte Carlo, die eine Gewinnbeteiligung versprechen, seine Einsätze beim Roulette zu finanzieren. Auf den Dokumenten, die er mit „Rrose Sèlavy“, seinem Pseudonym mit der Bedeutung „Eros ist das Leben“, unterzeichnet, ist er selbst in der eingeschäumten Frisur eines Fauns abgebildet. Verkauft werden nur zwei Stück, und so muss Duchamp nach einem Monat aufgeben. Der Erfinder des berühmten „Readymade“, der Kunstfigur eines anonymen, vorgefertigten Objekts, schleust ein beunruhigendes Virus in das Betriebssystem Kunst, das spätere Rückkoppelungseffekte von Geld auf Kunst und umgekehrt begünstigt. Die betreffenden Künstler und Künstlerinnen imitieren, übernehmen, verkörpern oder kritisieren die Funktionen des Geldes; sie verfremden geltende Währungen, besetzen Banknoten mit eigenen Mitteilungen, decodieren deren Zeichen und parodieren das vertraute Siegel der Signatur; sie erfinden Fantasiegeld für imaginäre Zivilisationen oder konzipieren Wertsysteme, und sie stellen ihr eigenes Künstlergeld her, das sie mit ein wenig Glück tatsächlich einlösen können.



Heutzutage kaufen viele Leute mit dem Geld, das sie nicht haben, Sachen,
die sie nicht brauchen, um damit Leuten zu imponieren, die sie nicht mögen.
– Ernst Bloch –

Dazwischen liegen der Zweite Weltkrieg und der anschließende wirtschaftliche Aufschwung, wie ihn Friedrich Dürrenmatt in seinem Drama „Besuch der alten Dame" beschrieben hat. Die unwillkürlich eintretende Verbesserung des Lebensstandards, von der die Rede ist, reizt Richard Hamilton dann bald zu der ironischen Frage: „Was ist es nur, das die Wohnungen von heute so ganz anders, so reizvoll macht?" So lautet der Titel einer berühmten Collage von 1956, mit der er dem neuen Trend in Kunst und Leben einen Namen gibt: POP. So steht es auf dem betont phallischen Tennisschläger der männlichen Hauptfigur. Die angelsächsische Pop-Art und der französische Neue Realismus reagieren auf die zunehmende Präsenz industrieller Medien und Konsumgüter mit einer Absage an die abstrakte Kunst, um eine „wunderbare Moderne" zu verkünden, die ihre Erfüllung in einem Gemisch aus Konsumrausch, Materialverwertung, Sex und Esoterik sucht. Die Fülle verlangt nach der Leere und umgekehrt. Und während das Kleingeld des Begehrens eine immer größere Rolle spielt, kann man die Leistungen und Vortäuschungen des Geldes auch anfassen. Der Name Christo steht für Verpackung, der von Jasper Johns für die Vertauschung von Zeichen und Dingen.

Unter den Erben Duchamps gibt es Künstlerinnen und Künstler, die ihr Geld unter anderem damit verdienen, dass sie die Abhängigkeit der Kunst vom Geld ironisch kritisch reflektieren, und andere, die gleich einen Pakt mit dem Geld schließen. Auf der einen Seite stehen Carl Frederick Reuterswärd, der unter dem Motto „L'art pur l'or "(Kunst, reines Gold) statt „L'art pour l'art" (Kunst um der Kunst willen) das Art-Investment parodiert, oder Jenny Holzer, die auf Leuchtschrifttafeln ihre Binsenwahrheiten („truisms") wie „Money Creates Taste" öffentlich Revue passieren lässt. Auf der anderen Seite werden Künstler wie Christo, Warhol, Koons oder Hirst selber zu Unternehmern, die ihre Marke Kunst erfolgreich vermarkten.

Als Erstem gelingt es Andy Warhol, den Status einer Kultfigur zu erreichen. Seine Genialität besteht darin, im Offensichtlichen das Spekulative zu entdecken und diese Entdeckung durch den Warhol-Look seiner Bilder, ganz gleich, ob von Stars, Dollars oder Suppendosen, zu Geld zu machen. Seine subtilste, unausgesprochene Demonstration des Geldes, die Installation „Silver Clouds" von 1966, ist längst vergessen: frei im Raum schwebende, mit Helium gefüllte silberne Kissen.

Jeff Koons verdankt seinen Ruhm, abgesehen von seiner Pornophase, seinen hochkarätigen Trophäen des american way of life. Dabei erscheinen beliebte Andenken, Glücksbringer und sogar Luftballons oft im Format des Monumentalen, von dem schon Claes Oldenburg Gebrauch gemacht hat. Das „barocke Ei mit Schleife" ist ein x-beliebiger kleiner Geschenkartikel, der in seiner technisch brillanten Vergrößerung und Exklusivität als ein unbezahlbar großes Geschenk des Geldes bewundert werden will, am liebsten unter dem Himmel von Versailles.

Damien Hirst hat 2008 mit einem Totenkopfobjekt, in dem Geld, Kunst und Religion eine brisante Verbindung eingehen, das Nonplusultra seines Ruhms inszeniert und die relevanten Daten gleich mitgeliefert. Der Platinabguss des angeblichen Schädels eines 35-jährigen Mannes aus dem 18. Jh. ist mit 8601 lupenreinen Diamanten im Wert von 18 Millionen Euro besetzt, und für den Ankauf will eine Gruppe anonymer Investoren, darunter der Künstler selbst, 50 Millionen Pfund aufbringen. Kunsthandwerklich gehört der teure Schädel zur gleichen Kategorie wie das kinetische, mit Rubinen bekleidete Herz von Salvador Dali, ikonologisch zum Programm traditioneller Vanitas-Stillleben, und mit dem Titel „For the Love of God" (Gott zuliebe) wird die Sphäre der Absolution berührt. Niemand wird jedoch im Ernst annehmen, dass die Eigentümer den wertbesetzten Schädel eines Tages der Kirche stiften, um ihn religiös einzulösen. Die Idee der Absolution gefällt sich vielmehr als Stimulans einer makabren Täuschung, die unerkannt in der ästhetischen Horrorvision der Geldadepten aufgeht. Was in Wirklichkeit hinter dem Horror steckt, ist der tödliche Narzissmus des Geldes, das doch eigentlich unsichtbar ist, ein Kalkül. Aber wäre eine solche Einsicht 50 Millionen Pfund wert?

Tizian, ca. 1488–1576, Der Zinsgroschen

Caravaggio, 1571–1610, Die Berufung des Matthäus

Hans Holbein d. J., ca. 1497–1543, Porträt Gisze

Nicolas Maes, 1634–1693, Die Buchhalterin

Marcel Duchamp, 1887–1968, Monte Carlo Bond

Edgar Degas, 1834–1917, Porträts an der Börse

Ferdinand Danton Jr., 1877–1939, Time is money

Louis Léopold Boilly, 1761–1845, Trompe-l'œil sur le plateau d'un guéridon

Gustav Klimt, 1862–1918, Danae

Jeff Koons, geb. 1955, Riesiges Geschenk (Osterei mit Schleife)

Andy Warhol, 1928–1987, Ein-Dollar-Zeichen (farbig)

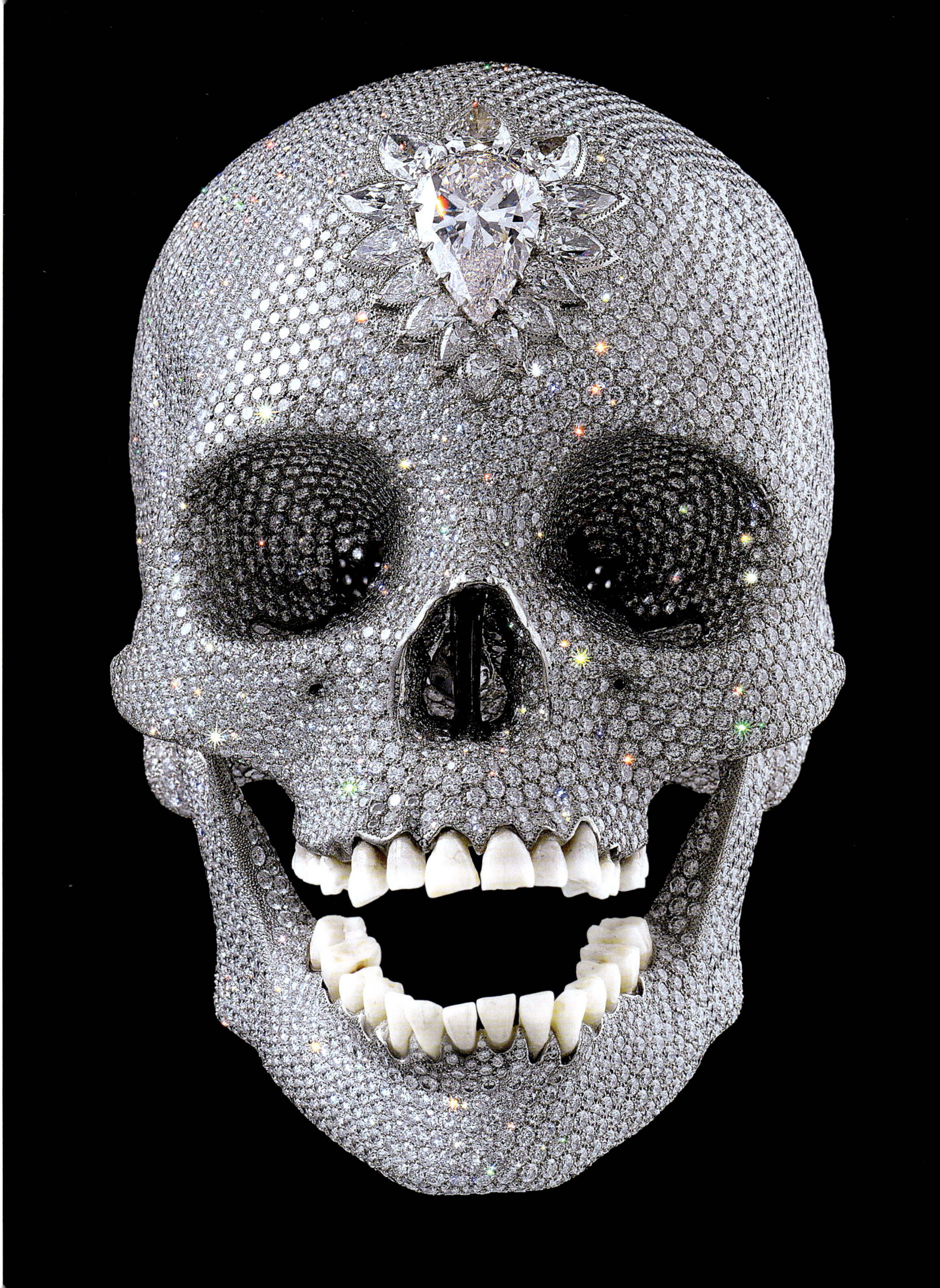

Damien Hirst, geb. 1965, Diamantschädel

142

Eitelkeit und Liebe zum Geld erzeugen die eine Hälfte der Übel in dieser Welt.
(Sprichwort)

Peter Gillies

# Die Welt ohne Geld
## Ein charmantes Schreckensszenario

Während der Krise 2008/09 gelang es den Finanzhaien mühelos, viele Hundert Milliarden erfolgreich zu verbrennen. Leider blieb aber noch viel Geld übrig. Dennoch ist der Zeitpunkt günstig, mit der Diktatur des schrecklichen Mammons Schluss zu machen. Und zwar endgültig. Die Welt ohne Geld – ein uralter Traum der Menschheit würde wahr. Seit der Kaurimuschel-Währung jagen die Menschen dem Gelde nach, beten es zuweilen an und verfluchen es gleichzeitig. Winkte allen ein sorgenfreies Leben, wenn es kein Geld mehr gäbe? Denn wer Geld hat, quält sich mit Sorgen, und wer keines hat, sorgt sich unter Qualen. Niemand müsste mehr bezahlen, kalkulieren und verzinsen. Auf der hohen Kante gähnte die Leere. Die Hersteller von Tresoren machten Pleite, Banken verlegten sich auf Bio-Gemüse, Finanzämter verödeten, die Steuerversprechen von Politikern wären endgültig Makulatur – wir träumen uns in die geldlose Welt.

Gebe ich dem Kellner nun ein Trink-Pardon!-Geld? Singe ich ihm ein Dankeslied, oder genügt ein warmer Händedruck? In Zeiten der geldlosen Tauschwirtschaft stellen sich die Fragen des Lebens anders.

Es wäre ein Rückgriff auf uralte und bewährte Traditionen. Drei Klafter Holz oder sieben Maß Mehl gegen ein Schaf. Ein Fuder Wein gegen zwölf Ellen Linnen, ersatzweise drei Kamele gegen eine jungfräuliche Braut. Oder so ähnlich.

In einer Dienstleistungsgesellschaft türmten sich einige Probleme auf: Reguliert der Zahnarzt mein Gebiss, wenn ich seinen Kindern jeden Dienstag zwei Nachhilfestunden in Mathe erteile? Lässt mich der Tankwart Benzin zapfen, wenn ich ihm ein zündendes Werbeplakat male? Womit bezahle ich einen Kühlschrank, wenn ich nichts kann außer journalistische Sprüche zu klopfen? Die Antwort ist schlicht: Ich brauche gar keinen Kühlschrank, weil mein gegen Brot eingetauschtes Gemüse sofort in den Kochtopf kommt.

Eine geldlose Welt bedarf möglichst umfangreicher Netzwerke, in denen alles Lebensnotwendige getauscht



Der Geist denkt, das Geld lenkt.
(Sprichwort)

werden kann. Freilich nicht mit Hilfe des Computers, sondern durch altmodischen Nachbarschaftskontakt. Was kann ich wo eintauschen gegen Leistungen, die ich zu bieten habe, lautet die Frage, um die sich alles dreht. Nur ein möglichst großer Tauschring mit vielen Partnern sichert das Überleben.

Ohne Geld heißt aber auch, ziemlich anspruchslos zu leben. Und Mut zum Schnorren gehört dazu. Wer nichts produzieren kann, was andere im Tausch erwerben wollen, hat schlechte Karten in der geldlosen Welt. Er tauscht den eigentlich verhassten Konsumterror gegen Armut ein.

So utopisch die Idee von der Abschaffung des Geldes klingen mag – in der Schattenwirtschaft ist sie längst Realität. Gärtner, Lehrer, Anwalt, Elektriker, Zahnarzt oder Tagesmutter sind nur einige von vielen geeigneten Tauschpartnern. Der Elektriker zieht die Strippen im Haus des Lehrers, dieser unterrichtet die Kinder des Gärtners, der das Grüne herrichtet und als Gegenwert eine Krone vom Zahnarzt verpasst bekommt. Die Tagesmutter betreut die Kinder des Anwalts, der im Gegenzug Rechtsberatung anbietet. Auch der Fensterputzer, der Klempner oder die Friseurin wären für Tauschringe geeignet. Sie alle müssten sich freilich auf ein Bonuspunkte-System einigen, um ihre Dienstleistungen gegeneinander verrechnen zu können. Ohne gegenseitiges Vertrauen wird das jedoch nicht funktionieren.

Diese Schattenwirtschaft – in Deutschland jährlich auf gigantische 350 Milliarden Euro geschätzt – bedient sich zwar noch des Geldes als Verrechnungseinheit, schreibt allerdings keine Rechnungen, belästigt weder eine Bank noch das Finanzamt oder die Sozialversicherung. In diesem geldlosen Paralleluniversum kommt der nimmersatte Fiskus nicht mehr vor. Er ist ausgetrickst. Zugespitzt: Mit der Abschaffung des Geldes verliert der Staat seine Funktion. Sozialpolitik findet nicht mehr statt. Auch für Sicherheit nach innen und außen ist niemand mehr zuständig – es sei denn Polizisten, Feuerwehrleute oder Soldaten würden gegen Naturalien tätig werden.

Allerdings: Schon in der Antike kam jede Tauschwirt-



Auf drei Sachen steht die Welt: auf Geld, auf Geld und auf Geld.
(Jüdisches Sprichwort)

schaft über kurz oder lang auf die Idee, Arbeitsleistung irgendwie zu horten. Kostbare Edelmetalle boten sich als „Speichermedium“ an – die Gold- oder Silberwährung war geboren. Wer das Geld in seiner Funktion als Zahlungsmittel abschafft, verzichtet nicht nur auf Liquidität, sondern auch auf ein Mittel der Wertaufbewahrung.

Bei allem verständlichen Hass auf den schnöden Mammon – eine Welt ohne Geld mag zwar manche Menschen in punkto Lebenserfahrung bereichern. Aber letztlich macht sie jeden ärmer. Am Ende stünde die Anarchie, und alle, die keine marktfähigen Leistungen anzubieten haben, kämen elendig unter die Räder.

„Die Phönizier haben das Geld erfunden, aber warum nur so wenig?“ Der Witz trifft nicht. Denn spätestens seit Inflationen und Finanzkrisen über Nationen, ja den ganzen Globus gerollt sind, weiß man den Wert stabilen Geldes zu schätzen. Geldwertstabilität ist nicht alles, aber ohne sie ist alles nichts. Im letzten Jahrhundert erschütterten zwei Inflationen das Leben der Deutschen. Sie verloren Vermögen, ihren Wohlstand und alle Zukunftshoffnungen, stürzten in Armut und Elend.

„Wer die Kapitalisten vernichten will, muss ihre Währung zerstören.“ Diese Einsicht wird Wladimir Iljitsch Uljanow, genannt Lenin, zugeschrieben. Die Geschichte der Menschheit, der Aufstieg und Untergang großer Reiche, ist gespickt mit einschlägigen Beispielen. Wer die Herrschaft über das Geld besaß, herrschte auch über die Menschen. Und viele Potentaten nutzten diese Herrschaft über Geld und Gold schamlos für ihre Raubzüge aus.

Man mag es drehen oder wenden, wie man will: Die Vermessung der Welt geschieht mit Geld – oder besser, mit Kapital. Es macht die Reichen zuweilen zu reich, und die Armen bleiben meist arm. Aber noch nie wurden Arme dadurch reich, dass man Reiche zwangsweise ärmer machte.

Die Vision einer Welt ohne Geld mag ein lustiges Gedankenspiel sein. In Wahrheit ist sie ein Szenario des Schreckens. Also:

## Her mit dem verdammten Geld!



Eine Hand voll Geld ist besser als beide Hände voller Ratschläge.
(Portugiesisches Sprichwort)

Rolf Verres

# Die Psyche des Geldes

Im Geld ist etwas von dem verborgen, das wir „Seele“ nennen. Diese Behauptung ist anfechtbar, doch sie kann begründet werden. Dabei geht es auch um die Schattenseiten des Seelenlebens. Was stellt Geld mit Menschen an? Wie entstehen Gier, Neid, Missgunst oder aber Fairness und Altruismus? Häufig ist das Geld Anlass zur Sorge. Was ist wichtiger als Geld? In Umfragen rangieren Werte wie Liebe, erfüllte Sexualität, heiles Familienleben, Gesundheit und Frieden weit vor der Bedeutung des Geldes.

Geld ermöglicht Handlungsfreiheit und Sicherheit und gibt dem, der es hat, Kraft. Warum streben Menschen nach immer mehr Geld, auch wenn sie bereits so viel besitzen, dass sie es nie ausgeben können? Häufig sind Selbstzweifel ursächlich für dieses Verhalten. Aber Anerkennung durch Geldbesitz erreichen zu wollen bleibt ein unbefriedigendes Geschäft. Manche Menschen agieren mit Geld „kaltblütig“ und gefühllos, während sie auf dem Rücken anderer nach noch mehr Geld streben. Dennoch hat Raffgier eine emotionale Komponente. Das Scheffeln von Geld wird zur Ersatzbefriedigung von Menschen, denen die Liebe fehlt. Wahrscheinlich eine Erscheinungsform von Sucht, der in vielen Fällen Ängste und Minderwertigkeitskomplexe zugrunde liegen. Den Raffgierigen mangelt es meist an entsprechender Selbsterkenntnis. An manchen Schalthebeln der Finanzwelt agieren Personen, die nicht zwischen Erfüllung und Ersatzbefriedigung unterscheiden können. Chronische Bedürftigkeit als Vorstufe von Gier entsteht schon in der frühen Kindheit, wenn Eltern keine emotionale Bindung anbieten. Die Übergänge zwischen der Sucht nach Geld und der Sucht nach Macht sind fließend, beides ist erregend.

Den Arzt und Psychotherapeuten interessiert nicht nur die Sehnsucht nach dem Glück, sondern auch die Soziopathologie beim Umgang mit Geld. Viele reiche Menschen lassen sich nicht in Frage stellen. Sie identifizieren sich mit dem Erfolg, sie haben erlebt, dass fast alles käuflich ist, und entwickeln eine Benutzermentalität gegenüber ihren Mitmenschen, ohne Schuldgefühle zu empfinden. Durch Mäzenatentum lassen sie sich als „Gutmensch“ bewundern und sparen zugleich Steuern. Der Gutmensch wird selten danach gefragt, woher sein Geld stammt. Wer Bewunderung braucht, ist bedürftig und nur eingeschränkt liebesfähig, denn Liebe lebt eher vom Geben als vom Nehmen.



Wenn man Geld verliert, wird man fromm,
wenn man Geld gewinnt, geht die Frömmigkeit verloren.
(Jüdisches Sprichwort)

Je mehr sich der reiche Mensch mit Macht identifiziert, umso wichtiger wird die Frage, wie er seine Macht zu nutzen gedenkt. Im Idealfall gehört zur Rollenidentifikation eines Mächtigen eine fürsorgliche Grundhaltung, die Kontrollinstanzen von außen überflüssig machen könnte.

Ein Grundproblem von Menschen, die qua Geburt in Positionen von Reichtum und Macht hineinwachsen, besteht darin, dass sie Privilegien fast schon mit der Muttermilch aufnehmen. Allgemeinen Moralgesetzen steht in manchen dieser Kreise eine anerzogene private Sondermoral entgegen, die durch Schmiergelder, steuerliche Schlupflöcher und ein Heer willfähriger Finanzberater gefördert wird. Das Streben nach Wohlstand kann sich verselbstständigen, zur Gewohnheit werden und in Gier münden, wenn der Mensch nicht in einer seelischen Balance ist. Der Soziologe Max Weber wies darauf hin, dass „der Geist des Kapitalismus" sogar durch die protestantische Ethik ideologisch untermauert wird, etwa nach dem Muster: „Wenn du Erfolg hast (aufgrund von Arbeit, Sparsamkeit, Fleiß), wirst du von Gott gesegnet, also warst du ihm wohlgefällig."

Der anständige Unternehmer hat einen Instinkt für das, was er selbst und andere wirklich brauchen. Er kümmert sich väterlich um seine Mitarbeiter und kann loslassen, wenn er an Grenzen geraten ist. Er hat sich von anerzogener Doppelmoral wieder befreit. Er möchte möglichst unabhängig sein und orientiert sich dabei eher an sozialer Verantwortung als an Gier. Der erfolgreiche Unternehmer ist nicht unbedingt durch den Wunsch motiviert, möglichst viel Geld zu verdienen, sondern sich permanent zu verbessern. Das Geld fungiert für ihn als Feedback darüber, wie gut er ist. Im Sparen erlebt er seine Fähigkeit zur Selbstkontrolle, die ihn vor Gier schützt und nicht in Geiz übergehen muss. Statussymbole sind ihm unwichtig. Den Kontostand belauert er nicht mit einer Fixierung auf Gewinnmaximierung, sondern mit vorausschauendem Blick auf die weiteren Ziele des Unternehmens, mit dem sich auch seine Mitarbeiter identifizieren, weil er sie ihnen erklärt hat und sie am Ertrag beteiligt.

Anonyme Kapitalgesellschaften und deren Manager können noch so sehr versuchen, mit Beschwörungen von „Corporate Identity" ihr Image aufzupolieren; sie bewirken damit oft nichts weiter als einen faden Nachgeschmack.

Für Aufsteiger gelten folgende Merkmale als typisch: zunächst eine Status-Unsicherheit mit einer Idealisierung der angestrebten Rolle, dann allmählich eine Überanpassung gegenüber anderen in der angestrebten sozialen Schicht, weil der Aufsteiger von diesen anerkannt werden will und die Brüchigkeit seiner Identifikation mit der erstrebten Rolle spürt, und schließlich eine zunehmende Distanz gegenüber der eigenen Herkunft. Aus diesen Faktoren kann sich unmerklich eine Tendenz zu doppelter Moral entwickeln.

Dazu trägt das positive Bild des erfolgreichen Typus bei. Er wird dazu eingeladen, seinen Vorteil wahrzunehmen, gebotene Gelegenheiten auszunutzen, erfindungsreich und risikofreudig zu sein. Hierfür muss er Gefühle wie Angst oder Scham im Zaum halten. Irgendwann spürt er diese Gefühle nicht mehr und wirkt kalt. Die Folgen von Gier, Abzockermentalität und Schamlosigkeit sind bekannt.

Psychologisch gesehen fungiert Geld als „Universalverstärker". Früher gab es in der Schule für gute Leistungen so genannte Fleißkärtchen. Hatte man zehn davon beieinander, konnte man sie in ein Heiligenbild



Wer Geld hat, kann sich vom Teufel bedienen lassen.
(Sprichwort)

umtauschen. Wissenschaftlich spricht man von token economy. Geld ist ein wirksamerer Verstärker als Heiligenbilder, denn mit Geld in der Tasche kann man selbst entscheiden, wofür man es einsetzt. Die Wendung „klingende Münze“ verweist auf den hedonistischen Aspekt des Geldes; die Formulierung „Geld stinkt“ ist der Schattenseite gewidmet.

Wie könnte eine Gesellschaft heute aussehen, in der das Geld mit so positiven Werten verbunden ist, dass man es unweigerlich mit Vertrauen und Verantwortung assoziiert? Bereits Platon verwies in seiner „Politeia“ auf die Möglichkeiten, egozentrische Lebensziele zugunsten einer Bezogenheit auf die Erfordernisse des Gemeinwohls zu transformieren und darin Sinn zu finden. Leider stand dieser Orientierung schon immer das Risiko entgegen, ausgebeutet zu werden.

Ursprünglich beruhte die Macht des Geldes auf dem Vertrauen in die öffentliche Sicherheit der Geldordnung. Der Besitzer von Geld konnte sich auf eine Garantie des Königs verlassen, dass er es jederzeit und ohne Verlust wieder abgeben könne. Im Laufe von Jahrhunderten entwickelte sich ein intuitives Vertrauen in die Kompetenz staatlicher Organe zur Regulation des Geldverkehrs. Theorien zur Finanzwirtschaft haben das emotionale Bedürfnis nach Vertrauen bisher zu wenig berücksichtigt. Dem Postulat des rational funktionierenden homo oeconomicus steht die Realität des auch emotional funktionierenden homo psychologicus gegenüber.

Die Gier nach Macht und Geld ist ein psychologisches Thema, und Geldkrankheiten werden besonders dort ausagiert, wo gierige Menschen in Führungspositionen gelangt sind. Es mag spekulativ sein, Unersättlichkeit mit einer in der Kindheit entstandenen Angst um Liebe und Liebens-Würdigkeit in Verbindung zu bringen, und doch muss eine Analyse der Gier diese mögliche Psychopathologie berücksichtigen.

Im Modus des Haben-Wollens strebt der Mensch danach, seine Spielräume zu erweitern. Das Geld fungiert in diesem Modus als Mittel zur Erreichung von Zielen. Eine Psychopathologie beginnt dann, wenn jemand nicht nur haben will, was er braucht, sondern auch noch haben will, was andere brauchen.

Neben dieser pathologischen Haltung gibt es noch einen anderen Modus des In-der-Welt-Seins. Im nicht zweckgebundenen Hören genießen wir den Gesang der Vögel, den warmen Klang einer menschlichen Stimme, die Melodien und den Rhythmus der Musik. Im Schauen können wir die Schönheit der Schöpfung erfahren und durch sie innerlich reich werden.

„Besitz“ und „Besitzen“ sind symbolhafte Begriffe. Wenn ich mich auf einen Felsen mit schöner Aussicht setze, „be-sitze“ ich ihn. Ich kann mir zumindest zeitweise etwas zu eigen machen, ohne dass es juristisch mein Eigentum sein muss. Das zeigt ein chinesischer Aphorismus: „Der Herr sagte: mein Garten … – und sein Gärtner lächelte.“ Zwar ist der Herr der Eigentümer seines Gartens, doch der Gärtner lebt in ihm und mit ihm. Er pflegt die Blumen mit Hingabe, erlebt ihr Wachstum, ihr Blühen und Vergehen. Es ist der Gärtner, der den Garten von morgens bis abends „besetzt“: Er erlebt den Garten als seinen Garten. Seelisches Besitzen zeichnet sich durch eine körperliche, sinnliche Beziehung zu einem Objekt aus. Öffentliche Parks mit freiem Eintritt fördern dieses Erleben.

Eine tragfähige Orientierung liegt in der Tatsache, dass die farbige, sinnenfreudige Welt, so wie wir sie



Wer gut verdient, strengt sich an.
Wer sich anstrengt, verdient nicht gut.
(Chinesisches Sprichwort)

# Vom einfachen Leben mit wenig Geld

Rolf Verres (Text und Fotos)

Menschen sind „arm", wenn sie nicht in der Lage sind, das, was sie zum Leben benötigen, aus eigenen Kräften zu beschaffen. Armut gefährdet die Menschenwürde, den sozialen Frieden und das Ansehen des Staates. Eine Ursache für Armut ist Arbeitslosigkeit, und es ist ein Skandal, wenn eine Gesellschaft nicht in der Lage ist, sie wirksam zu bekämpfen. Zu den Folgen von Armut gehören eine erhöhte Krankheitsanfälligkeit, schwere Beeinträchtigungen der seelischen Gesundheit (von Aggressivität bis zur Apathie), Diskriminierung und Isolation. Am schlimmsten trifft es die Kinder.

Armut kann aber auch selbst gewählt sein. Ein historisches Beispiel hierfür ist Franz von Assisi (1181–1226), der aus einer wohlhabenden Familie stammte. Nachdem er während des Städtekriegs zwischen Assisi und Perugia Gefangenschaft und Krankheit hatte erfahren müssen, verzichtete er auf ein bürgerliches Leben in Wohlstand und gründete einen Orden, dessen Mitglieder sich zur Armut, zum Dienst an der Menschheit und zur Predigt verpflichteten. Einer Legende nach predigte Franz von Assisi auch den Vögeln und wurde zu einem „ökologischen Revolutionär", der Demut gegenüber der Schöpfung vorlebte. Armut zu verklären ist gefährlich. Wohl aber können Szenen des einfachen Lebens und echte Lebenskünstler einen Menschen, der dem Mammon huldigt, nachdenklich stimmen. Nicht zu Unrecht zählt die Mäßigung zu den Kardinaltugenden.

Angler in Belo Horizonte, Brasilien (oben), „Odysee", Inszenierung im Hamburger Hafen (Mitte), Mussah, ein Gärtner in Gambia (unten)

Auf Mykonos, Griechenland (oben), Straßengeiger in Ecuador (Mitte), Fischer auf Mykonos, Griechenland (unten)

Im Urwald in Peru (oben), Bettler in Mexiko (Mitte), malender Dongba-Priester in Yunnan, China (unten)

sehen und erleben können, in unserem Kopf entsteht, ganz gleich, ob sie unser Eigentum ist oder nicht. Jeder Mensch ist Besitzer seines geistigen Innenraumes. Hier entsteht das individuelle Bild der Welt, das jeder Einzelne als seine Wirklichkeit bezeichnet. Das Gehirn ist ein Beziehungsorgan.

Diese Erkenntnis wird fruchtbar, wenn sie zum emotionalen Erleben führt. Wer sich in der Familie, der Natur oder in sich selbst emotional geborgen fühlt, ist mit hoher Wahrscheinlichkeit vor der Gier nach Geld geschützt, auch vor Geiz oder Verschwendungssucht.

Die Frage, wie Kultur entsteht, beinhaltet einen weiteren Aspekt der Psychologie des Geldes. Zwar braucht Kultur Geld, aber die Kreativität der Menschen stellt die wichtigere Ressource dar. Schon vor 30 000 Jahren malten die Jäger und Sammler eindrucksvolle Bilder an die Wände ihrer Höhlen. Die Höhlenmalereien wurden unter Gesichtspunkten von Magie interpretiert: Sie sollten zum Erfolg bei der Jagd oder im Kampf gegen böse Geister wirksam sein. In diesem Sinne lässt sich Kultur insgesamt – wie auch das Geld – funktionalistisch betrachten.

Es gibt aber auch die Hingabe als solche. Der mittelalterliche Handwerker wird als ein Mensch beschrieben, der seine Arbeit aus Interesse und mit Sorgfalt verrichtete, wobei das Geldverdienen nicht die Hauptsache war, sondern eine selbstverständliche Begleiterscheinung des Arbeitens. Dies mag eine idealisierende Sichtweise sein, doch sie wurde in neuerer Zeit in Untersuchungen zum „Flow-Erleben" aufgegriffen. Im „Flow" zu sein bedeutet, sich der augenblicklichen Tätigkeit ganz hinzugeben. Fragt man Menschen, aus welchen Gründen sie eine Arbeit gut oder schlecht ausführen, wird das Geld erst an sechster oder siebter Stelle genannt. Wichtiger sind Faktoren wie Sinn, Sicherheit, Team, interessante Arbeit, Sozialleistungen und Gerechtigkeit. Die immer differenziertere Arbeitsteilung in komplexen Gesellschaften und die Rollenaufteilung zwischen „Arbeitgebern" und „Arbeitnehmern" haben dazu geführt, dass Entfremdung erlebt wird und man ausschließlich zum Geldverdienen arbeitet.

Ein Gleichgewicht entsteht, wenn ein Mensch seinen Umgang mit dem Geld unter dem Aspekt des Fließens betrachtet. Man kann einen Wasserhahn immer voll aufdrehen, wenn man es sich leisten kann. Man kann sich aber auch auf einen moderaten „Flow" einlassen.

Besitzorientiertes Haben-Wollen kann ein Hinweis auf eine verminderte Fähigkeit zu produktiver Tätigkeit sein. Eine freie und aktive Entfaltung der eigenen Begabungen macht frei vom zwanghaften Haben-Wollen.

Eine interessante Variante der ambivalenten Beziehung des Menschen zum Geld ist der Geiz. Er kommt besonders bei reichen Menschen vor und ist von der Sparsamkeit abzugrenzen, die als Tugend gilt und mehr auf Vernunft gründet als auf neurotischen Dispositionen. Der Geizhals ist ganz auf das Haben fixiert. Er erlebt sich wie eine Festung: Nichts darf hinaus. Der Geizige möchte möglichst wenig Energie in Gefühle investieren, weil er grundsätzlich alle Energien zusammenhalten will. So wirkt er – ebenso wie der Abzocker – oft kalt und gleichgültig gegenüber anderen.

Psychoanalytiker wie Sigmund Freud oder Ernest Borneman erklärten die Entstehung von Geiz mit Auseinandersetzungen während der frühkindlichen Toilettenerziehung. Im Festhalten des Darminhalts



Wer der Meinung ist, dass man für Geld alles haben kann,
gerät leicht in den Verdacht, dass er für Geld alles zu tun bereit sei.
– Benjamin Franklin –

erlebe das kleine Kind erste Ahnungen von Macht gegenüber der Mutter, die die Herausgabe fordert und ungeduldig wird. Der Darminhalt sei der erste „Besitz", den das Kind nicht so einfach „loslassen" will. So könne eine spätere Lust am Besitz vorprogrammiert werden. Geld werde dann zum Ersatz von etwas, das der Geizige nie besessen hat: Liebe, Zärtlichkeit und Sicherheit.

Den Geizigen und den Verschwender verbindet, dass beide ein gestörtes Verhältnis zum Umgang mit Grenzen haben. Der Geizige will Grenzen um jeden Preis absichern, der Verschwender sucht grenzenlose Erfahrungen. In heutigen postmodernen Gesellschaften wird Besitzgier offensichtlich als eine anthropologische Konstante hingenommen. Anders wäre es wohl kaum zu erklären, wieso Managern, die ihre Firmen auf Expansionskurs trimmen, ein Vielfaches des Gehalts von Regierungschefs zugebilligt wird.

Ein seelisch gesunder und in sich ruhender Mensch betrachtet jeglichen sozialen Austausch nicht primär als Nehmen, Geben und Verrechnen, sondern als Möglichkeit, ergebnisoffene Beziehungen einzugehen. Würde ein kranker Mensch seinen Familienmitgliedern Trinkgelder für ihre Hilfen geben, so könnte man dies wohl als Zeichen fehlender Loyalität und Liebe in der Familie interpretieren. Weitet man diesen Gedanken auf größere soziale Systeme aus, kommt man zur Frage, ob gegenseitige Unterstützung nicht auch unabhängig von Geld praktiziert werden könnte. Geld mag für den Austausch von Waren nützlich sein. Doch dort, wo Menschen einander seelisch brauchen, sollte Geld möglichst keine Rolle mehr spielen.

Allerdings entstehen auch in guten Beziehungen (teilweise unbewusste) Verrechnungen und Verrechnungsnotstände. „Ich habe ihr schon so viel Schmuck geschenkt, und sie sollte endlich begreifen: Ich hätte gern mehr Sex mit ihr." Unterschiedliche Vorstellungen von Beziehungsgerechtigkeit werden besonders deutlich bei Ehescheidungen. Erlittene Demütigungen werden nun in Geldforderungen umgesetzt. Mit Geld kann man versuchen, sich von Schuld freizukaufen. Das Verbum „verrechnen" klingt nicht nach Emotionen. Wird aber im Streit miteinander „abgerechnet" und Geld gefordert, geht es um den Ausgleich von Gefühlen, oft im Sinne von „Vergeltung üben" oder gar „sich rächen". Rechtanwälte leben davon, dass Konfliktparteien ihre Vorstellungen von seelischem Verdienst und seelischer Schuld in unterschiedlichen „Währungen" abrechnen wollen, die nicht konvertierbar sind. Das Denken wird von Gefühlen überflutet: Wut, Enttäuschung und Angst vor Einsamkeit. Vergebung könnte ein Ausweg sein. Doch wenn sich die Fronten verhärten, wird das Geld zum Fetisch. Gute Scheidungsanwälte erkennen dies und bieten Mediationen an, bei denen auch berücksichtigt wird, was im tiefen Inneren der Parteien vorgeht.

Da sich aus den unterschiedlichen Chancen, an Geld zu kommen, oft Konflikte ergeben, die kriegerische Dimensionen annehmen können, stellt sich abschließend die Frage, wie eine nachhaltige Gewissensbildung gefördert werden kann. An Ethik orientiertes Handeln ist für raffgierige Potentaten und Betrüger uninteressant, außer wenn empfindliche Strafen drohen. Die einfache menschliche Maxime „Was du nicht willst, das man dir tu, das füg' auch keinem anderen zu" lässt sich positiv so formulieren: „Was du willst, das man dir tu, das tue auch den anderen." Diese goldene Regel könnte zum wichtigsten Prinzip eines Weltethos werden. Wertschöpfung wird durch Wertschätzung gefördert. Ethisches Verhalten bedeutet, die anderen achtsam wahrzunehmen. Diese Haltung kann auch als emotionale oder spirituelle Intelligenz betrachtet werden.



Der ärmste Mann in der Welt ist der, der nichts hat außer Geld.
(Sprichwort)

DOWY BANK
ZIEŚCIA ZŁ
BANKNOTY EMITO
SĄ PRAWNYM ŚRO

Peter Gleber

# »DER ERSPARTE PFENNIG IST REDLICHER ALS DER ERWORBENE«,

befand einst der Reformator Martin Luther. Aber wie sparen, wenn die Möglichkeit dazu fehlt?

Sammelbehälter für Münzgeld kennt man bereits seit dem 2. Jahrhundert v. Chr. Die älteste bisher bekannte Spardose gruben Archäologen in der heutigen Türkei mit dem Hausrat einer griechischen Familie aus. Griechische Spardosen hatten die Form eines Schatztempels. Die Römer bevorzugten birnenförmige Tonspardosen. Im Mittelalter entstanden Sparbüchsen aus Eisenblech mit Vorhängeschlössern, die Privatleute ebenso nutzten wie Zünfte und Brüderschaften. Seit dem Barock gibt es aus Porzellan oder Silber gefertigte Einzelstücke. In diesen wertvollen Schmuckschatullen bewahrten vor allem die Wohlhabenden ihr Münzgeld auf.

Spielzeughersteller wie die Gebr. Märklin in Göppingen nahmen schon früh Spardosen in ihr Sortiment auf. Dabei handelte es sich meist um so genannte Tresorspardosen aus schwerem Eisenblech mit einem verschließbaren Boden an der Unterseite. Sie dienten der Sparerziehung, denn sie konnten nicht einfach „geplündert" werden. Nur ein Bankangestellter konnte die Sparbüchse mit einem Schlüssel öffnen.

1924 wurde auf dem Ersten Internationalen Sparkassenkongress in Mailand die Idee des Weltspartags geboren und ein Jahr darauf in Deutschland eingeführt. Zunächst als Nationaler Spartag und 1940 in Deutscher Spartag umgetauft. 1948 lebte in Westdeutschland der Weltspartag wieder auf. In der DDR fanden im Herbst die so genannten Sparwochen statt. Mit der Idee des Weltspartags ging das Verteilen von Spardosen an Kinder einher. Verbreitet waren Einwegspardosen aus Blech, später aus Plastik.

Spardose mit einem amerikanischen Volksredner um 1870, eine so genannte Penny-Bank, mit einem mehr oder weniger komplizierten Mechanismus zum Sammeln von Goldmünzen. Sobald das Geldstück in der Tasche verschwunden ist, schließt sich der Mund.

Diese Spar-Trommel aus dem 19. Jahrhundert mit Darstellungen der mehrarmigen Hindu-Göttin Kali stammt aus Siam, dem heutigen Burma. Der geöffnete Mund mit der herausgestreckten Zunge dient als Einwurfschlitz für sehr kleine Münzen.

Jede Wirtschaft beruht auf dem Kreditsystem,
das heißt auf der irrtümlichen Annahme, der andere werde gepumptes Geld zurückzahlen.
– Kurt Tucholsky –

Archibald der Gentleman zieht elegant den Hut, wenn man ihm ein Geldstück in den Körper wirft. Er erinnert an einen Nussknacker aus dem Erzgebirge. Entworfen wurde er aber 1979 von dem polnischen Architekten Jan Lenica.

Diese zierliche Tonfigur symbolisierte Ende des 19. Jahrhunderts die japanische Frau im traditionellen Kimono als Bewahrerin von Hab und Gut, die in der Familie Besitz und Geld verwaltet. Der Einwurfschlitz für die Münzen ist im schwarzen Haar versteckt.

Geld spricht alle Sprachen.
(Sprichwort)

Die silberne Sagenfigur des Berggeistes Rübezahl aus dem Riesengebirge sollte im Jahr 1869 Kinder zum Sparen anleiten. Aus der Geldkiste mit dem Sparschlitz verteilt er den Schatz, den er zuvor Reichen abgenommen hat, an die Armen.

Das Modell „Dentist" aus dem Jahr 1880 gehört zu den bekanntesten amerikanischen Sparbüchsen. Die Münze steckt in der Tasche des brutal hantierenden Zahnarztes. Wenn er den Zahn zieht, sinkt er zurück, und die Münze fällt in den großen Geldsack.

Geld macht alles möglich.
– Salomo –

Kernobst, wie Äpfel und Birnen, gilt von alters her als Symbol der Fruchtbarkeit und Vermehrung. Diese Verkörperung des Spargedankens aus gedrechseltem Birnbaumholz entstand um 1830 in Deutschland.

Individuelle Formen wie dieses grün glasierte Keramik-Sparschwein aus Holland sind im 20. Jahrhundert selten geworden. Die industrielle Massenproduktion aus Blech und Kunststoff passt sich wechselnden modischen Gegebenheiten an.

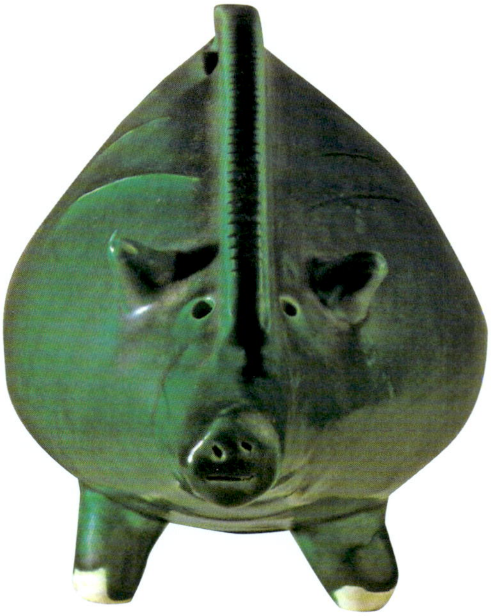



Geld ist nicht alles. Aber viel Geld, das ist etwas anderes.
(Sprichwort)

Die strenge Pokalform dieser Holzspardose wurde um 1810 einem Glasgefäß nachempfunden. Es war wegen seiner ausgewogenen Proportionen geschätzt. Der flach aufliegende Deckel hat einen eleganten Elfenbeinkugelknauf.

Unter den exotischen Spardosen nehmen diese kunstvoll geschnitzten Fischgestalten aus Kokosnüssen eine besondere Rolle ein. Das Fischmaul diente als Einwurfschlitz. Sie wurden in der Mitte des 19. Jahrhunderts von Indianern in Mexiko hergestellt.

Geld ist jener sechste Sinn, der den Genuss der anderen fünf erst möglich macht.
– Orson Welles –

„Wer den Pfennig nicht ehrt, ist den Taler nicht wert." Eine seltene Spardose aus Metall, die von der Süddeutschen Bank im Jahr 1952 in Stuttgart ausgegeben wurde, einem Vorgängerinstitut der Deutschen Bank im amerikanischen Sektor.

Die Spardose der Volksbank Heidelberg stammt aus dem Jahr 1928. In dieser Zeit haben Kreditinstitute solche Bügeleisen-Spardosen aus lackiertem Eisenblech, die an den Seiten mit einem Werbemedaillon versehen waren, an ihre Kunden verschenkt.

Esprit ist genau das Gegenteil von Geld:
Je weniger einer davon hat, desto zufriedener ist er.
– Voltaire –

Das Schwein, Inbegriff alles Nützlichen, hat im Sparschwein trotz sich stetig wandelnder Formen seinen Sinngehalt bis in unsere Tage bewahren können. Dieses Blumenschwein aus Porzellan stammt aus dem Jahr 1982.

Die Sparkassen haben dieses Sparschwein im Jahr 2009 für die Werbung eingesetzt, denn das Schwein gilt schon seit früher Zeit als Glücksbringer und Symbol der Fruchtbarkeit und Genügsamkeit.

Das Geld ist gut. Auf das Geld gib Acht.
(Sprichwort)

Angelika Buchholz

# ÜBER DEN WANDEL VOM SPAREN ZUM GELDANLEGEN



Auch selbst den weisesten unter den Menschen sind die Leute,
die Geld bringen, mehr willkommen, als die, die welches holen.
– Georg Christoph Lichtenberg –

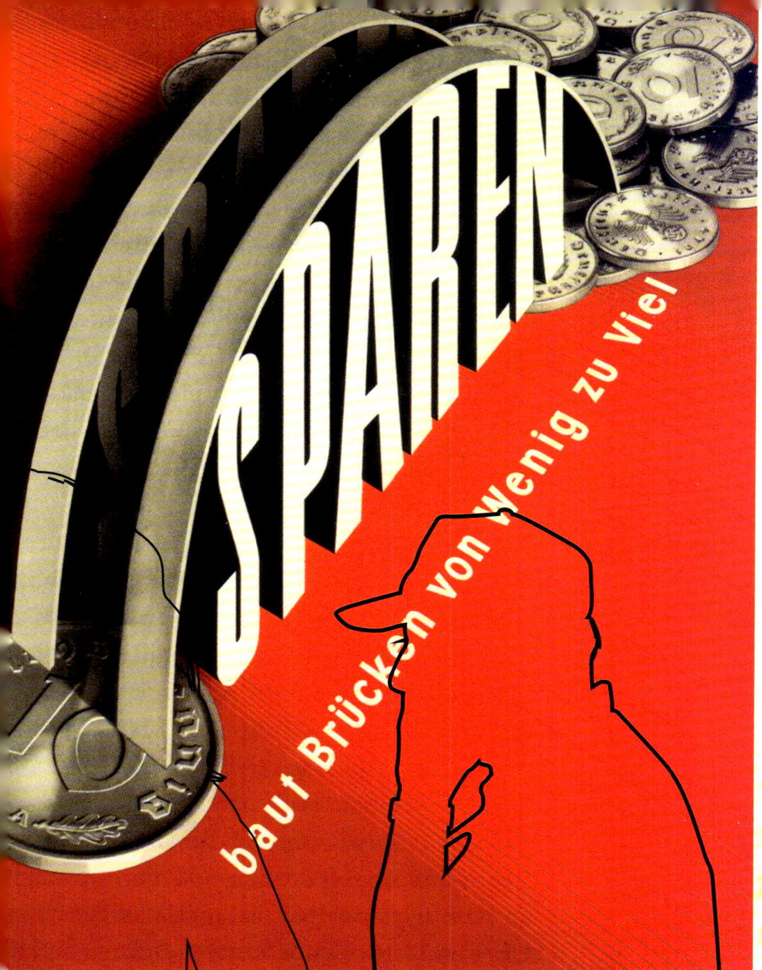

Geld hat keine Beine, aber es kann laufen.
(Japanisches Sprichwort)

Als der Pharao Josef von seinen rätselhaften Träumen erzählte, in denen immer wieder sieben fette und sieben magere Kühe vorkamen, wusste der Sohn Jakobs nicht nur, dass die Tiere Symbole für sieben Jahre guter und sieben Jahre schlechter Wirtschaftslage waren. Er ließ in den ersten guten Jahren auch flugs Kornspeicher anlegen, in denen Getreide für die folgenden sieben schlechten Jahre gelagert wurde. So überstanden die alten Ägypter die Niltrockenheit und vermieden eine große Hungersnot.

Spare in der Zeit, dann hast du in der Not – nach diesem Motto handeln die Menschen auch Jahrtausende später noch. In Deutschland zum Beispiel waren während der Industrialisierung selbst die Ärmsten der Armen gezwungen, für Zeiten von Krankheit, Arbeitslosigkeit oder Tod des Haupternährers etwas abzuzwacken und beiseitezulegen. Schließlich gab es damals weder eine Kranken-, Arbeitslosen- oder gar Rentenversicherung. Die wenigen Banken waren für Adel und Großbürgertum da und befanden sich meist in den größeren Städten. Einfachen Leute hingegen blieb von ihrem Einkommen kaum etwas übrig, das sie hätten sparen können.

Das bisschen, das die Leute sich vom Mund absparten, landete in Sparstrümpfen oder man legte es auf die hohe Kante. „Geld auf die hohe Kante legen" bedeutete, das Ersparte wurde oben auf einem Schrank deponierte, damit Diebe es nicht so leicht finden konnten. Dort war es zwar einigermaßen sicher, diese Aufbewahrungspraxis hatte aber – zumindest aus Sicht des Staates und moralisch besorgter Bürger – auch Nachteile: Das Geld lag ungenützt herum oder wurde bisweilen allzu leichtfertig für Unnötiges oder gar Anstößiges ausgegeben. Um diesem Übel zu begegnen, wurden Sparkassen eingerichtet. Als Erste entstand im Jahr 1778 die „Ersparungsclasse" der Hamburgischen Allgemeinen Versorgungsanstalt von betuchten Hansestädtern, die sich in der Patriotischen Gesellschaft zur Förderung der Künste und des Unterrichts zusammengeschlossen hatten.

Und weil diese Einrichtung so gut funktionierte, kam es Anfang des 19. Jahrhunderts zu einem Gründungsboom kommunaler Sparkassen: 1801 wurde die Spar- und Leihkasse zu Göttingen gegründet, und im Jahr 1836 gab es bereits 280 Sparkassen. Alle hatten einen fast gleich lautenden Satzungsauftrag: Die Ersparungsclasse beziehungsweise die Sparkassen waren „zum Nutzen geringer fleißiger Personen beiderlei Geschlechts, als Dienstboten, Tagelöhner, Handarbeiter, Seeleute etc. errichtet, um ihnen Gelegenheit zu geben, etwas zurückzulegen und ihren sauer erworbenen Not- oder Brautpfennig sicher zu einigem Zins belegen zu können, wobei man hoffet, daß sie diese ihnen verschaffte Bequemlichkeit sich zur Aufmunterung gelassen mögen, um durch Fleiß und Sparsamkeit dem Staate nützlich und wichtig zu werden".

Diese Anordnung der Hamburgischen Sparkasse umschreibt aufs Schönste, was Sinn und Zweck der Sparkassengründungen war: Die Tugenden Sparsamkeit und Fleiß sollten gefördert werden, denn wer fleißig ist, sündigt nicht – und fällt anderen auch nicht zur Last. Wer gar nichts spart und in Not gerät, muss – wenn die Familie nicht in der Lage ist, ihn aufzufangen – von mildtätigen Mitmenschen oder karitativen Einrichtungen vor dem Hungertod bewahrt werden oder ist auf die kommunale Armenfürsorge angewiesen. Das kostet die Allgemeinheit Geld. Deshalb wurden Tagelöhner und Dienstboten durch einen geringen Zins zum Sparen animiert und ein Anreiz geschaffen, die Sparstrümpfe zu entleeren und das Geld zur Sparkasse zu tragen.

Zwar handelte es sich nur um geringe Einzelbeträge, aber Kleinvieh macht auch Mist. Die Sparkassen legten die eingesammelten Not- und Brautpfennige vor allem in Kommunalkredite, Hypothekarkredite und mündelsicheren Wertpapieren an. Damit wiederum wurden staatliche Infrastrukturinvestitionen wie Straßen, Kanalisation, Wohnungen und später der Eisenbahnbau finanziert.

Die Erfindung der Sparkassen sollte in den Augen der Obrigkeit auch einen Beitrag zur Volksgesundheit und Moral leisten. „Der Arbeiter ist zunächst durch die Übung des Sparens vor Verschwendung und namentlich vor der Trunkenheit bewahrt worden", so sah es jedenfalls ein Aufsichtsbeamter 1884 in einem Rundschreiben an die Fabrikleitungen. Und wenn der Arbeiter fleißig sei und spare, so schlussfolgerte dieser Staats-



Geld hat keine Ohren, aber es kann hören.
(Japanisches Sprichwort)

diener weiter, habe er „das Bewusstsein, das kleine Vermögen, welches er besitzt, seiner Arbeit zu verdanken, und nimmt ein unwillkürliches Gefühl in sich auf, das ihm sagt, daß seine Arbeit lohnend ist und einen Wert für ihn hat. Hierdurch wird er anhänglicher an seine Arbeitsstätte und weniger empfänglich für die agitatorischen Verhetzungen, indem er beispielsweise an sich selber das Schlagwort ‚von den Enterbten' widerlegt findet."

Die Armen musste man damals zum Sparen anhalten. Wer mehr verdiente, als für seinen Lebensunterhalt nötig war, sparte in der Regel freiwillig. Anfangs trugen viele kleine Handwerker, Gewerbetreibende und Landwirte ihr Geld ebenfalls zu den Sparkassen. Später zu den Genossenschaftsbanken, die Vorläufer der heutigen Volksbanken und Raiffeisenbanken, die Friedrich Wilhelm Raiffeisen und Hermann Schulze-Delitzsch gegründet hatten. In den pietistisch-protestantischen Kleinstädten Württembergs entstanden Kreditgenossenschaften. Sie alle basierten auf dem Prinzip der privaten Selbsthilfe.

Für besonders Reiche gab es schon lange vor den Sparkassen und Genossenschaftsbanken die Privatbankhäuser und ab den 1870er-Jahren die großen Aktienbanken. Gemeinsam war und ist allen, dass sie die Ersparnisse der Einzelnen bündeln und als Kredit wieder vergeben. Insofern hat sich die volkswirtschaftliche Bedeutung des Sparens bis heute nicht verändert.

Verändert haben sich im 20. Jahrhundert aber die Motive des Sparens. Geld wurde auch für größere Anschaffungen beiseitegelegt. „5 Mark die Woche musst Du sparen – willst Du im eignen Wagen fahren" lautete 1938 der Werbespruch auf Sparmarken für den Kauf des KdF-Wagens, des Vorläufers des VW Käfers.

Nach dem Zweiten Weltkrieg stiegen die Einkommen, und auch Otto Normalverbraucher konnte Geld zurücklegen. Seither ist es schicker, von „Anlegen" als von „Sparen" zu sprechen. Im Aktienboom um die Jahrtausendwende haben sich dabei allerdings nicht wenige Kleinanleger die Finger bzw. ihr Erspartes verbrannt. Deshalb gilt die Devise des amerikanischen Großindustriellen Henry Ford heute umso mehr: „Reich wird man nicht durch das, was man verdient, sondern durch das, was man nicht ausgibt."



Geld ist ein Gut, das Guten und Bösen gemeinsam ist.
– Augustinus –

Michael Kunzel

# Reichsbankschatz

## 200 Jahre Wirtschaftsgeschichte in bombensicheren Tieftresoren der Reichsbank

Der Eisenbahnbau Mitte des 19. Jahrhunderts löste einen Gründerboom von Aktiengesellschaften aus. Die atemberaubende Höhe von 5 Milliarden Francs französischer Reparationszahlungen an Deutschland ab 1871 brachte nicht nur neue Kapitalgesellschaften, sondern rief auch zahlreiche Spekulanten und Glücksritter auf den Plan. 1873 zerbrach das Kartenhaus aus Glücksspiel und Differenzgeschäft „à la hausse" und „à la baisse". Die auf schwachen Fundamenten errichteten Banken, Baugesellschaften und Eisenbahnen brachen zusammen. Nicht alle waren betroffen, und so kamen immer neue Aktien zur Ausgabe, zumeist dekorativ gestaltet, gelegentlich von bekannten Künstlern entworfen.

Die Deutsche Reichsbank vereinnahmte ab 1942 sämtliche dem Reich zugefallene und Kreditinstituten zur Verwahrung übergebene Wertpapiere, darunter auch die eingezogenen Vermögenswerte rassisch Verfolgter. Schließlich umfasste das Depot knapp 30 Millionen Wertpapiere, aufbewahrt in den bombensicheren Tieftresoren der Reichsbank, die die sowjetische Besatzungsmacht nach Kriegsende sofort versiegeln ließ. In diesen Tresoren lagerten somit die bedeutendsten historischen Zeugnisse der vergangenen 200 Jahre deutscher Wirtschaftsgeschichte und überdauerten die DDR. Nur ab und zu verkaufte der DDR-Devisenbeschaffer Alexander Schalck-Golodkowski das eine oder andere Stück auf dem internationalen Sammlermarkt. Nach 2003 wurden die Wertpapiere zugunsten des Entschädigungsfonds versteigert und füllen heute die Sammelalben zahlreicher Scripophilisten oder dekorieren gerahmt so manches Büro.

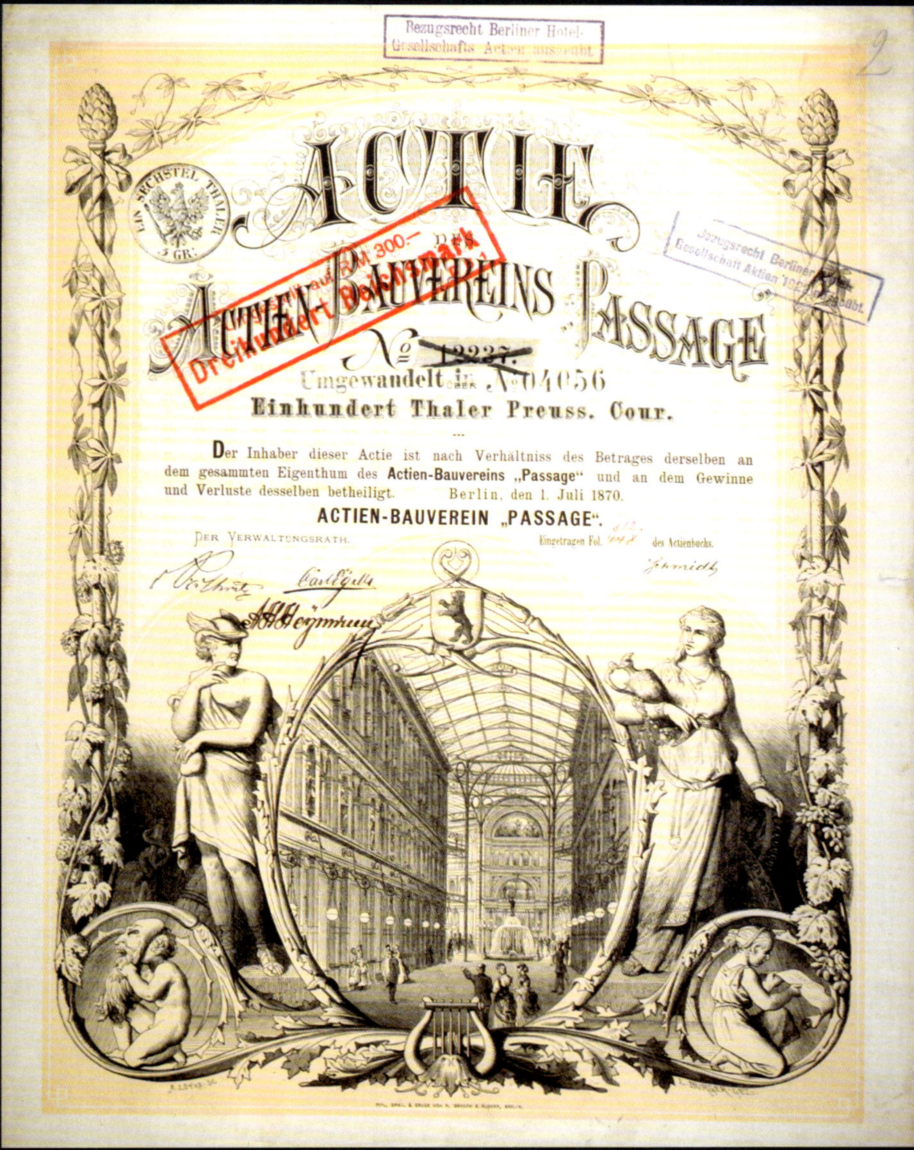

Bezugsrecht Berliner Hotel-Gesellschafts Actien ausgeübt

EIN SECHSTEL THALER 5 GR.

# ACTIE DES ACTIEN-BAUVEREINS PASSAGE

Umgestellt auf RM 300.–
Dreihundert Reichsmark

Bezugsrecht Berliner Hotel-Gesellschaft Aktien 1922 ausgeübt

№ ~~12237.~~

Umgewandelt in № 04056

**Einhundert Thaler Preuss. Cour.**

Der Inhaber dieser Actie ist nach Verhältniss des Betrages derselben an dem gesammten Eigenthum des **Actien-Bauvereins „Passage“** und an dem Gewinne und Verluste desselben betheiligt. Berlin, den 1. Juli 1870.

**ACTIEN-BAUVEREIN „PASSAGE“.**

Der Verwaltungsrath.

Eingetragen Fol. … des Actienbuchs.

Schmidt

169

Verfüge nie über Geld, ehe du es hast.
(Sprichwort)

## STETTINER SPEICHER-VEREIN

Aktie über 200 Taler, Stettin, 1. Mai 1872

Speicher und Lagerhäuser an Verkehrsknotenpunkten waren stets ein gutes Geschäft. Noch heute beeindrucken Hafenstädte mit ihren großen Speicheranlagen. Der Stettiner Speicher-Verein sammelte 100.000 Taler für den Kauf und Bau von Speichern in Stettin und Umgebung. In den 1930er-Jahren modernisierte der Verein die Getreidelagerung und übernahm die Neue Stettiner Zuckersiederei Aktiengesellschaft.

Verbuche nicht mit der leichten Hand das Geld für das verkaufte Land.
(Koreanisches Sprichwort)

Eine der wenigen erhaltenen Gründeraktien der Deutsche Wasserwerke Actien-Gesellschaft. Bis 1922 wurden von der AG Wasserwerke betrieben und danach unter Wert an die Gemeinden abgestoßen. Später firmierte die AG als Berliner Glas- und Spiegel-Manufactur AG, produzierte allerdings mit Verlusten. Als 1925 das Reichsfinanzamt 350.000 Reichsmark Obligationssteuer forderte, war dies das Aus. Die AG wurde liquidiert.

Geld ist besser als Armut – wenn auch nur aus finanziellen Gründen.
– Bertrand Russell –

100 Jahre lang fischte die Emdener Fischereigesellschaft in der Nordsee und war am Markt erfolgreich. 1930/31 kaufte die Häringsfischerei-Actien-Gesellschaft sogar die Flotte der Glückstädter Fischerei AG. Im Zweiten Weltkrieg wurden die Boote als Kriegsschiffe eingesetzt. Nach Kriegsende hatte die AG wirtschaftliche Schwierigkeiten und wurde im Januar 1975 liquidiert.

Bezugsrecht (280 Actien betr.) Jan./Febr. 1896 ausgeübt.

Bezugsrecht (289 Actien betr.) Jan./Febr. 1895 ausgeübt.

Emder Häringsfischerei-Actien-Gesellschaft.

Umgestellt auf RM 400.– Vierhundert Reichsmark E.B.

Siehe Rückseite!

ACTIE

No 62.

über Einhundert Thaler.

Der Inhaber dieser Actie ist für den Betrag von 100 Thalern bei der

Emder Häringsfischerei-Actien-Gesellschaft

mit allen statutenmässigen Rechten und Pflichten betheiligt.

EMDEN, den 19. Juli 1872.

Der Vorstand. Der Aufsichtsrath.

Eingetr. A. B. fol 4

§ 9 der Statuten. Falls die Actie abhanden kommen sollte, ist eine Mortifikation derselben nach Anleitung des § 501 der hannoverschen allgem. bürgerlichen Processordnung zulässig.



Geld ist ein Segel in der Tasche.
(Japanisches Sprichwort)

Als Mecklenburgische Straßen-Eisenbahn AG im Oktober 1881 gegründet, bediente die Pferdebahn auch den Schweriner Nahverkehr, stellte jedoch schon 1885 den Betrieb in der Landeshauptstadt aus Rentabilitätsgründen wieder ein. 200 der im Jahr 1910 ausgegeben Aktien der Rostocker Straßenbahn Aktiengesellschaft lagerten jahrzehntelang in den Tresoren. 1951 wurde aus der Aktiengesellschaft der volkseigene Betrieb VEB Nahverkehr Rostock. 1990 erhielt das Unternehmen wieder seinen ursprünglichen Namen zurück.

1000 ROSTOCKER STRASSEN- BAHN. AKTIENGESELLSCHAFT. 1000

ROSTOCKER STRASSENBAHN, AKTIENGESELLSCHAFT zu Rostock i/M.

AKTIE

№ 1653 über TAUSEND MARK.

Der Inhaber dieser Aktie ist für den Betrag von Tausend Mark bei der Rostocker Strassenbahn, Aktiengesellschaft zu Rostock als Aktionär mit allen satzungsmässigen Rechten und Pflichten beteiligt.

Rostock, den 1. März 1910.

Der Vorstand: Der Aufsichtsrat:

Eingetragen in das Aktienbuch I Fol. 11 Nr. 1653

Hierzu sind 10 Gewinnanteilscheine Serie I bis zum Jahre 1919 nebst einem Erneuerungsschein ausgegeben.

1923 Bezugsrecht ausgeübt

Umgestellt auf RM 100.– Hundert Reichsmark



Was man mit Geld nicht bezahlen kann,
das soll man wenigstens mit Dank bezahlen.
(Deutsches Sprichwort)

## DAMPFER-GENOSSENSCHAFT DEUTSCHER STROM- UND BINNENSCHIFFER EGMBH

Namens-Anteilschein über 100 Reichsmark, Fürstenberg (Oder), nach 1924

Die Binnenschifffahrt war in Deutschland ein wichtiger Wirtschaftszweig. 1889 wurde in Fürstenberg am Oder-Spree-Kanal die Dampfer-Genossenschaft gegründet. Deren Dampfer schleppten die vorwiegend mit Steinkohle beladenen antriebslosen Frachtzillen nach Berlin. Die Geschäfte liefen gut. 1938 erwarb die Genossenschaft in Fürstenberg ein Grundstück, um ein Verwaltungsgebäude zu errichten. 1961 verlor Fürstenberg seine Eigenständigkeit, als es mit Stalinstadt zu Eisenhüttenstadt verschmolzen wurde.

Besser einer, der arbeitet und großen Reichtum gewinnt,
als einer, der vornehm tut und nichts zu essen hat.
– Das Buch Jesus Sirach –

Namensaktie über 1.000 Reichsmark, Leipzig, 2. Februar 1942

Am 1. Juni 1852 gründeten Hermann Giesecke und Alphons Devrient in Leipzig ein grafisches Unternehmen, das sich als „Officien für Geld- und Werthpapiere" Weltruf erwarb. 1931 wandelte sich das Unternehmen in eine Aktiengesellschaft um. Im Reichsbankschatz fanden sich 105 der 500 im Jahr 1942 ausgegebenen Namensaktien. Banknoten druckt Giesecke & Devrient heute noch.

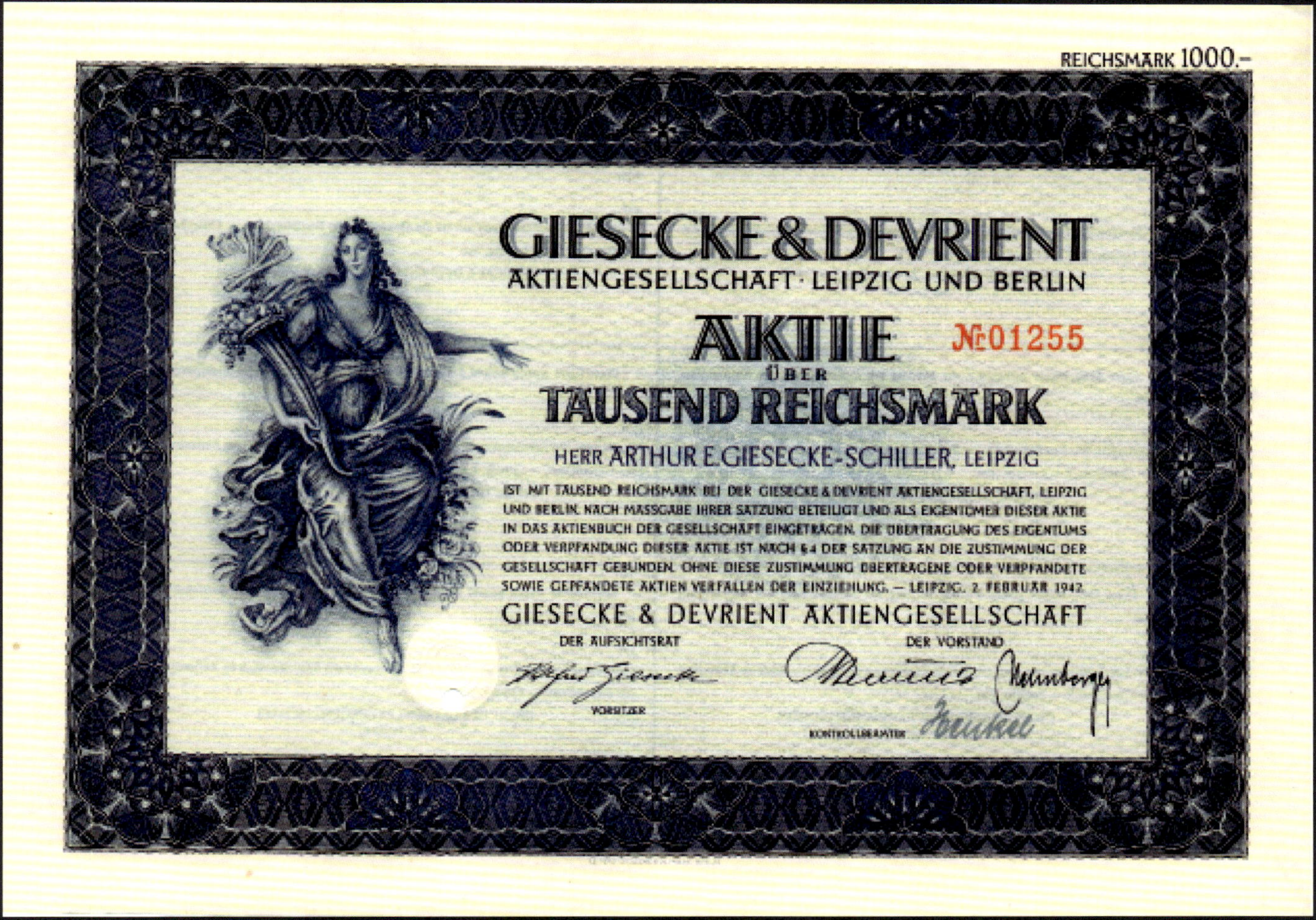




Geld ist die reinste Form des Werkzeuges.
(Sprichwort)

»FRAGEN SIE DIE DEUTSC

»MIT SYSTEM SPAREN AU

»EINE BANK, DIE IHRE KU

»SPARE IN DER ZEIT, DAN

»DAS GELD DES DORFES

»BANK IHRES VERTRAUE

»SPAREN BRINGT ERFOLG

Dirk Bathen / Inga Wermuth

# Wer nimmt Slogans für bare Münze?



Auf drei Sachen steht die Welt: auf Geld, auf Geld und auf Geld.
(Jüdisches Sprichwort)

HE BANK. 1964 / WE TURN PROB

VERANTWORTUNG FÜR FAM

DEN KENNT. 1960 / ANGESEH'N

HAST DU IN DER NOT. 1850 / AR

EM DORFE. 1939 / WIR BIETEN M

S. 1948 / DIE BANK MIT HERZ UN

950 / BEQUEM SPAREN – POST

# Bankenwerbung im Wandel der Zeit ›››



Der, der Geld verdient, ist niemals müde.
(Chinesisches Sprichwort)

LEMS INTO OPPORTUNITIES.

ILIE UND ZUKUNFT. 1967 / DIE S

IST JEDERMANN, DER GLEI

BEITSAMKEIT UND SPARSA

MEHR ALS GELD UND ZINSEN

D VERSTAND. 1987 / LEBEN SIE.

SPAREN. 1964 / DIE CLEVERE A

Der Werbeslogan ist so alt wie die professionelle Werbung. Mit dem „Schlachtruf in Kriegszeiten“ wird in wenigen einprägsamen Worten der eigene Vorteil herausgestellt und der Unterschied zur Konkurrenz formuliert. Unternehmen bringen damit auf den Punkt, was sie den Kunden versprechen. Zum Ausdruck kommen dabei immer auch das eigene Selbstverständnis sowie die Beziehung zum Geschäftsfeld. Die Werbesprache spiegelt somit den Zeitgeist wider und dokumentiert, welche Kräfte jeweils auf Gesellschaft und Wirtschaft gewirkt haben. Im Falle der Banken-Slogans, wie sich das Verhältnis der Menschen zum Geld verändert hat.



Geld ist Macht, und zwar die einzige, auf die Verlass ist.
(Sprichwort)

/ REDEN WIR DARÜBER. 1990 /
YMPATHISCHE BANK. 1970 / DAS
H BEIM KAUF SCHON ZAHLE
KEIT. 1920 / ERST SPAREN, DAN
1973 / WIR MACHEN DEN WEG
VIR KÜMMERN UNS UM DIE
ERNATIVE. 1990 / SCHLIESSLIC

Bis in die Zeit des Wirtschaftswunders gelten Banken als moralische Autorität. In den 1950er- und 1960er-Jahren manifestiert sich in der Werbesprache eine Ökonomie, in der das Produkt im Vordergrund steht. „Wenn's ums Geld geht – Sparkasse." Geld ist eine ernste Angelegenheit, der Umgang damit stark moralisch geprägt. Wer Geld besitzt, hat es sich durch Ehrlichkeit und Fleiß verdient. „Arbeitsamkeit und Sparsamkeit" (Sparkassen) gelten als wichtige Tugenden für soziale Anerkennung: „Angeseh'n ist jedermann, der gleich beim Kauf schon zahlen kann" (Commerzbank).



Geld ist nicht alles: Aber es hat einen Riesenvorsprung vor allem, was danach kommt.
(Deutsches Sprichwort)

VERTRAUEN IST DER ANFAN

GRÜNE BAND DER SYMPAT

N KANN. 1965 / ICH UND MEINE

N KAUFEN. 1924 / WENN'S UM G

FREI. 1988 / MEINE BANK IST DA

DETAILS. 1999 / MENSCHENSTA

H IST ES IHR GELD. 1994 / DIE BA

In den 1970er-Jahren wagt die Werbesprache mehr Leichtigkeit, das Produkt rückt aus dem Fokus. Slogans wie „Wir bieten mehr als Geld und Zinsen“ (Volksbanken & Raiffeisenbanken) stehen für diese Neuorientierung. Die Geldkarte wird als neues bargeldloses Zahlungsmittel eingeführt und ermöglicht moderne Unabhängigkeit. Verkauft werden Emotionen – Zukunft, Träume und Freiheit: „Die Freiheit nehm' ich mir“ (Visa). Die Globalisierung der Slogans soll die Sehnsucht nach einem kosmopolitischen Lebensgefühl wecken: „Weltweit auf Ihrer Seite“ (American Express). Die ersten englischsprachigen Slogans tauchen in der Werbung auf: „The Citi never sleeps“ (Citibank). Das hedonistische Statusdenken der 1980er- und 1990er-Jahre spiegelt sich

VON ALLEM. 1995 / LEADING TO

E. 1975 / WIR SIND DIE BANK. 1998

ANK. 1965 / IDEEN NACH VORN. 2

LD GEHT – SPARKASSE. 1963 / S

WO ICH BIN. 2003 / VERTRAUEN

K. 2008 « HYPOVEREINSBANK

NK FÜRS WESENTLICHE. 1999 /

auch in der werblichen Kommunikation: „Eine Frage des Anspruchs" (Bremer Landesbank). Banken wandeln sich von Geldverwaltern zu Dienstleistern, die ihren Kunden ein von finanziellen Sorgen unbeschwertes Leben ermöglichen: „Leben Sie, wir kümmern uns um die Details" (HypoVereinsbank).

Ende des 20. Jahrhunderts modifiziert die Werbung das Thema „Finanzen" vom Privileg der Vermögenden zu einem Muss für jedermann. Der Sparer soll zum Anleger werden, Banken zu Finanzberatern, die den Kunden durch den Finanzdschungel navigieren. „Die Beraterbank" (Dresdner Bank). Klarheit und Einfachheit sind das Gebot der Stunde, wenn man Verbraucher



Geld und Reichtum sind an sich nicht schlecht,
nur die Menschen können sie gut oder schlecht verwenden.
(Aus der Philosophenschule der Stoiker)

RESULTS. 1999 / LEISTUNG AU

/ DIE BERATERBANK. 2000 « DRESDN

01 / GEMEINSAM MEHR ERRE

PARKASSEN. GUT FÜR DEUT

VERBINDET. 2003 « VOLKSBANKEN & RAIFFEISENBAN

UNTERM STRICH ZÄHL ICH. 200

als Kunden gewinnen will. „Wir machen es einfach“ (norisbank). Das Internet revolutioniert das Bankenwesen, und das schlägt sich auch in der Werbesprache nieder. Direktbanken werben mit schnelleren und kostengünstigen Online-Geldgeschäften: „Direkt besser beraten“ (Advance Bank). Auf die Entdeckung der Zielgruppen folgt die Entdeckung des Einzelnen. „Maßgeschneiderte Finanzlösungen“ (Bayerische Landesbank) werden wichtiger. Mit der Komplexität der Finanzwelt wächst die Unsicherheit, die 2008 in der Finanzkrise gipfelt. Vertrauen wird zum entscheidenden Faktor, der Bankkunden wieder ein Gefühl der Sicherheit in Geldangelegenheiten vermitteln soll.



In Geldsachen hört die Gemütlichkeit auf!
(Sprichwort)

LEIDENSCHAFT. 2003 « DEUTSCHE BANK

ANK

CHEN. 2009 « COMMERZBANK

CHLAND. 2004 « SPARKASSE

POSTBANK

„Unterm Strich zähl ich“ ist der aktuelle Kampagnenclaim der Postbank, der der Volksbanken & Raiffeisenbanken „Meine Bank ist da, wo ich bin“. Mit dem Slogan „Sparkassen. Gut für Deutschland“ kommunizieren die Sparkassen ihr gesellschaftliches Engagement. „Menschenstark" will die HypoVereinsbank sein, „Leistung aus Leidenschaft“ verspricht die Deutsche Bank, und „Gemeinsam mehr erreichen“ will die Commerzbank.



So geht es auf der Welt: Der eine hat den Beutel, der andere das Geld.
(Jüdisches Sprichwort)

Falk Jaeger

# TEMPEL DES GELDES

Ein Bankhaus ist eine Art Silo, dem durch die aufgesetzte Kuppel etwas Weihevolles gegeben ist, so denken viele Kinder, für die Dagobert Duck die erste Personifizierung des homo pecuniensis darstellte. Die Kuppel und der Portikus, die Tempelfront mit Säulen und flachem Giebel erinnern an die Würdeformen griechischer und römischer Zeit.
Die frühesten Bankhäuser wie die Banca Monte dei Paschi in Siena residierten noch in Renaissancepalästen. Doch als es im 19. Jahrhundert darum ging, für Bankhäuser eine eigene, prototypische Form zu suchen, erinnerte man sich an die uralte Beziehung zwischen Geld und Religion, die erst im Christentum durch die Brandmarkung des Götzen Mammon einen Bruch erfuhr. In der Frühgeschichte wurde das Geld in den Tempeln als Mittel der weltlichen Macht verwahrt und geschützt. So lag es nahe, Tempelformen und Tempelfassaden zu zitieren. Die Bank of England als Hort der königlichen Finanzen trat als Tempel auf, Würde und Macht verkörpernd. Und die Privatbanken taten es ihr nach und statteten ihre Häuser mit Tempelgiebeln aus, Solidität und Verlässlichkeit vermittelnd. Selbst die Bank in der amerikanischen Goldgräberstadt des Mittleren Westens verhehlte ihr bescheidenes Holzhaus hinter einer Bretterfassade in Form eines ionischen Tempels. „Hier ist dein Geld sicher angelegt“, bedeutet der Giebel, der es in stilisierter Form als Piktogramm für eine Bank zu allgemeiner Gültigkeit brachte. Noch vor 100 Jahren entstanden solche Repräsentationsbauten wie der „Monetentempel“ in Düsseldorf. Bis zum Beginn des Zweiten Weltkriegs reduzierte sich dann das Formenrepertoire auf einen trockenen Klassizismus, und es kam nur noch auf schiere Größe an.
Mit Messing und Marmor lockten die Banken der 60er- und 70er-Jahre Kunden ins Haus. Vornehmes Material, aber moderne Formen machten deutlich, dass man vertrauenswürdige Tradition und modernstes Management miteinander zu verbinden trachtete. Heute imponieren die Geldhäuser ihre emanzipierte Klientel mit gleißenden signature buildings in fortschrittlichster Bautechnik mit Ökodiplom und Umweltsiegel und mit Geschäftsräumen in Avantgarde-Design. In Zeiten des online banking ist der individuelle Besuch beim Bankberater eine persönliche Angelegenheit geworden, für die ein angemessener Rahmen geschaffen wird.

Es wird viel Geld verloren, um Geld zu gewinnen.
(Englisches Sprichwort)

Frankfurt am Main

New York, 1999

Banca Monte dei Paschi, Siena

Bank of Tokyo, New York

Equibank, Pittsburgh

Canadian Imperial Bank of Commerce, Toronto

Bank of China, Hongkong

Deutsche Bank, Frankfurt am Main

Die viel Geld und Gut besitzen, müssen oft in Sorgen schwitzen.
(Französisches Sprichwort)

Hartmut Futterlieb

# DER LIEBE GOTT UND DAS LIEBE GELD

Geld und Religionen haben mehr Gemeinsamkeiten als auf den ersten Blick erkennbar. Geld hat manchmal sogar eine religiöse Dimension. Auch Geld verleiht erst der kollektive Glaube an den Wert seinen Status. Ohne diesen Glauben wäre ein Geldschein nur ein Stück wertloses, buntes Papier. Der Wert des Geldes ist eine Glaubensfrage. Glaube und Vertrauen zählen zum Kerngeschäft der Kirchen wie auch der Banken.

Geld macht Blinde sehen und Lahme gehen.
– Georg Henisch –

Nehmt nicht alles für euch in Anspruch.
Ein Teil komme auch den Armen zu, den Lieblingen Gottes.
– Gregor von Nyssa –

# VERGEL(D)TS GOTT ODER DIE RELIGIÖSE MACHT DES GELDES

**In der griechisch-römischen Antike wurde Toten ein Obolus zwischen die Lippen gesteckt, damit sie das Fährgeld über den Acheron bezahlen konnten, um auch wirklich im Hades anzukommen. Die gute Aufnahme im Totenreich hing von einer Münze ab. Götter wurden mit Geld als Opfergabe besänftigt. Das setzte sich im Mittelalter im Ablasshandel fort, der Gläubigen bei Zahlung eines bestimmten Geldbetrages die Verkürzung der Reinigungszeit im Fegefeuer nach dem Tod versprach („Wenn das Geld im Kasten klingt, die Seele aus dem Feuer springt"). Gleichzeitig bildeten sich im Laufe der Kirchengeschichte als Gegensatz zur „reichen Großkirche" mönchische Armutsbewegungen.**

Geld ist ein Tabu, ein quasi heiliger Bezirk, an den man nicht rührt. Über Geld spricht man nicht. Ist das der Grund, weshalb der Innenraum von Banken, so wie der Jerusalemer Tempel, in verschiedene „Heiligkeitsgrade" eingeteilt wird? In der Bankensprache nennt man das „Diskretionszonen". Als der israelische Schriftsteller Schalom Ben Chorin einmal in Deutschland von einer Bank Geld abhob, kam er zurück und sagte: „Bei euch ist die Bank ja wie ein Tempel, es herrscht ehrfürchtiges Schweigen wie beim stillen Gebet."

Die heilige Intimität, das Tabu, hat eine Kehrseite: den Kult um das Geld, wie er sich in der neoliberalen Form des Kapitalismus seit Ende des vorigen Jahrhunderts besonders ausgeprägt hat. 1988 war eine „Spiegel"-Serie mit „Geldgier ist eine gute Religion" überschrieben. Der Titel stammte von einem der angesehensten Broker des Bankhauses Lehman, der mit diesem Slogan für seine hoch dotierten Vorträge warb. Ihm ging es nicht nur um „Geld", sondern um das „Mehr-haben-wollen". Gut ist, was die höchste Rendite bringt.

In allen großen Religionen wird Geld kritisch betrachtet, obwohl die Entstehung von Geld einen religiösen Ursprung, nämlich den des Opfers hat. Darauf weist das Wort „obulus" hin, in der Antike die Bezeichnung für den mit Opferfleisch bestückten Spieß, der einer Gottheit als Opfergabe dargebracht wurde, um sie gnädig zu stimmen. Das Wort „Spende" ist dagegen weniger religiös aufgeladen. Dabei handelt es sich um eine Gabe, ein freiwilliges Geschenk, häufig verbunden mit besonderen festlichen Gelegenheiten. Das deutsche Wort „Geld" stammt vom altsächsischen „geld" ab, das einen ausgesprochen religiösen Bezug hat: Opfer, Zahlung, Tribut.

Im germanischen Raum war das Wort für eine kultische und zugleich rechtliche Abgabe gebräuchlich. Diese Vorstellung



Ich habe Euren Hoheiten, ehe ich in See stach, erklärt, dass das ganze, sich aus meinem Unternehmen ergebende Gold zur Wiedereroberung Jerusalems verwendet werden müsse.
– Christoph Kolumbus –

findet man heute noch in dem Wort „vergelten". Die Bedeutung von „Geld" als geprägtes Zahlungsmittel kam erst im 14. Jahrhundert auf.

In der Antike waren Geld und Religion eng verbunden. Das umgangssprachlich verwendete Wort „Moneten" ist mit „Münze" verwandt. Der Name leitet sich von Juno Moneta ab, einer römischen Göttin aus dem Dreigestirn der römischen Staatsgottheiten, wobei Juno als Juno Regina zugleich die Hüterin des Staates war. Im Tempel der Juno Moneta in Rom befand sich eine Münzstätte. Wie in vielen antiken Tempeln wurde dort Geld aufbewahrt und auch verliehen. Tempel hatten in der Antike auch die Funktion von Banken. Denn in ihnen glaubte man das Geld sicher, weil die Heiligkeit des Tempelbezirks fremde Truppen häufig davon abhielt, den Tempel zu plündern.

Auch der Tempel in Jerusalem fungierte als „Bankhaus". Hier war nicht nur Geld aus der reichen Oberschicht eingelagert, sondern ebenso die Abgaben, die aus der gesamten Diaspora nach Jerusalem gebracht wurden. Die Tempelwährung, die Münze, mit der allein im Tempel gehandelt werden durfte, war der Tempelschekel. Es ist interessant, dass beim Tempelschekel der ökonomische Nutzen offensichtlich wichtiger war als die religiöse Bedeutung. Denn als Tempelschekel wurde eine tyrische Münze verwendet, auf der die Stadtgottheit von Tyrus geprägt war. Eigentlich war es nicht erlaubt, das Bild einer fremden Gottheit im Tempel zu zeigen – und es gab Aufstände, als die Römer dies versuchten –, aber die tyrische Münze hatte den Vorzug, dass sie über einen langen Zeitraum ihren Wert behielt, anders als römische Münzen, die immer wieder großen Wertschwankungen unterlagen.

Der Tempelschekel wurde vor allem gebraucht, um Opfertiere zu kaufen und zu verkaufen, Ochsen für Reiche, Tauben für Arme. Jesus übte an dieser Praxis scharfe Kritik: Das Haus Gottes werde durch den Handel mit Opfertieren missbraucht, damit sich die priesterliche Oberschicht bereichern könne, während die Armen ausgeplündert würden.

Jesus hat diese Geldwechsel- und Opferstände in einer zornigen symbolischen Aktion umgeworfen und damit den Zusammenhang von Geld und Opfer, Geld und Religion hinterfragt. „Mein Haus soll ein Bethaus für alle Nationen genannt werden. Ihr aber habt es zu einer Räuberhöhle gemacht." (Mk 11,17) Die gleiche Kritik ist auch in dem Satz enthalten: „Niemand kann zwei Herren dienen. Denn entweder wird er diesen hassen und jenen lieben, oder er wird sich an jenen halten und diesen verachten. Ihr könnt nicht Gott dienen und Mammon." (Mt 6,25) Mit „Mammon" sind der Besitz und das Vermögen gemeint, das abhängig macht, so abhängig, dass man davon „besessen" wird wie von einem Dämon. Dieser Gegensatz taucht im Neuen Testament mehrfach auf und leitet sich aus der Weisung des ersten Gebots ab: „Du sollst nicht andere Götter haben neben mir." Gott und „andere Götter" sind unvereinbar. Zu diesen „anderen Göttern" gehört „Mammon", das in Besitz und Vermögen verwandelte Geld, dass „besessen" macht und zugleich ein unendliches Vermögen, unendliche Macht verspricht. Es ist diese religiöse Qualität des Geldes, die Jesus meint, wenn er den scharfen Gegensatz zwischen Gott und „Mammon" herausstellt. Besessenheit und die Sucht nach Vermögen führen zur Haltung des „Immer-mehr-haben-Wollens". Das ist der eigentliche Sinn des griechischen Worts „pleonexia", das gerne mit „Begierde" übersetzt wird und zu



Geld reinigt von allen Gemeinheiten.
(Talmud)

den sieben Todsünden gerechnet wird. Der Apostel Paulus geißelt diese Haltung scharf.

Die kritische Einstellung Jesu zum Geld zeigt sich auch darin, dass er die Jünger „ohne Münze im Gürtel“ (Mk 6,8) aussendet. Er weist damit nicht nur auf das unbedingte Vertrauen in eine Gemeinschaft hin, in der jeder dem anderen gibt, was er braucht, sondern auch auf die verführerische Macht des Geldes.

Die negative Seite des Geldes ist, damals wie heute, die Verschuldung. Der große römisch-jüdische Krieg (56 bis 70 n. Chr.) begann damit, dass die jüdischen Rebellen das Gebäude in Jerusalem anzündeten, in dem die Schuldscheine aufbewahrt wurden. So wie es zur Zeit der Propheten die Pfandnahme war, so war es zu Jesu Zeiten die konkrete Verschuldung, die viele Menschen zu Sklaven machte. Schuld und Schulden waren miteinander verbunden, schien es doch so, als wendeten sich die Götter von demjenigen ab, der in die Mühlen der Verschuldung geriet. Das griechische Wort einer der Bitten des Vaterunsers heißt übersetzt „Schulden“: „Und vergib uns unsere Schulden, wie wir vergeben unseren Schuldnern.“ Den Hintergrund bilden konkrete Erfahrungen mit Geld und Schulden. In der Apostelgeschichte des Lukas wird dies für das Zusammenleben der ersten Gruppen erläutert, die sich unter dem Namen des Messias Jesus zusammenfanden und nach Lukas „Menschen des neuen Weges“ genannt wurden: „Alle Glaubenden aber hielten zusammen und hatten alles gemeinsam; Güter und Besitz verkauften sie und gaben von dem Erlös jedem so viel, wie er nötig hatte.“ (Apg. 2,44–45) Wer diese Regel zu unterlaufen versuchte, hatte den Tod zu erwarten, wie es Lukas mit der Erzählung von Ananias und Saphira seiner Gruppe drastisch vor Augen führt (Apg. 5,1–11).

Auch wenn das Geld im Laufe der ersten Jahrhunderte des Christentums und seiner Einbindung in die Staatsideologie unter den Nachfolgern Konstantins seine negative Konnotation verlor, das Zinsverbot aus dem Alten Testament blieb bis ins frühe Mittelalter erhalten. Waren es doch gerade die Zinsen, die nicht nur die Verschuldung unerträglich machten, sondern auch Reichtümer und Macht in wenigen Händen aufhäuften und damit den Zusammenhalt der Gesellschaft zerstörten. Nach dem Zusammenbruch des Römischen Reiches und damit auch seiner Geldwirtschaft spielte der Zins eine geringe Rolle. Zinsnehmen galt als unehrlich und wurde den Juden überlassen, denen der Zugang zu Zünften und Gilden verschlossen war.

Aber die Welt wandelte sich. Mit den Kreuzzügen kam der Aufschwung des Handels über das Mittelmeer. In den oberitalienischen Städten entstand eine reiche, christliche Kaufmannschaft. Aber immer noch galt das Zinsnehmen als Wucher, das nach dem Tode zu Höllenstrafen führte. Was war zu tun? Den Ausweg fand der Theologe Petrus Cantor (gest. 1197). Auf der Schwelle zum neuen ökonomischen Zeitalter des Frühkapitalismus schuf er die Lehre vom Fegefeuer, dem Purgatorium. Neben Hölle und Himmel ist es der Ort, den der Sünder durchlaufen muss, um seine Verfehlungen auf der Erde angemessen zu büßen. Christen, die in das Zinsgeschäft einstiegen und dabei reich wurden, hatten also wieder eine Chance. Im Gegenzug wurden die jüdischen Kaufleute, die seit Beginn der Kreuzzüge als Sündenböcke für Unheil aller Art angesehen wurden, aus dem wachsenden Geld- und Kapitalmarkt verdrängt. Der „jüdische Wucherer“ wurde zur selbstverständlichen Figur, der aller Unfriede angehängt werden konnte. Mit der Erfindung des Fegefeuers wurden zwei Entwicklungen auf einen Schlag



Geld und Reichtum sind nicht verwerflich, denn alles, was Gott geschaffen hat, ist gut.
– Athanasius –

gefördert: Handel und Geldwirtschaft mit ihren Erscheinungen von Zins und Wucherzins wurden jetzt in der arbeitsteiligen Stadtkultur von christlichen Geldhäusern dominiert, zugleich behielt sich der Papst Sanktionsmöglichkeiten vor bis dahin, dass er selbst mit dem Ablasshandel in das Geschäft mit den Seelen einstieg: „Wenn das Geld im Kasten klingt, die Seele aus dem Feuer springt."

Dass die Sphäre des Geldes und die Sphäre der Religion nicht nur wegen der Etymologie des Wortes „Geld" eng mit einander in Beziehung stehen, darauf deuten die sprachlichen Verwandtschaften hin: Schuld und Schulden, Kredit und Credo, Glauben und Gläubiger, Erlös und Erlösung, die Heilige Messe und die Messe für Gebrauchsgüter oder Dienstleistungen, die Offenbarung und der Offenbarungseid. Geld ist eine Glaubenssache. Sobald an der Wertstabilität und Wertbeständigkeit des Geldes Zweifel aufkommen, droht dem Geldsystem eine Katastrophe. Denn der auf dem Geldschein oder die Münze aufgedruckte oder geprägte Wert ist nichts anderes als ein Versprechen darauf, dass dieser auch in der Zukunft eingelöst werden kann, verbunden mit dem Glauben, dass dies auch geschieht.

Was Jesus mit dem Wort „Mammon" und Paulus mit dem „Mehr-haben-Wollen" als widergöttliche religiöse Macht des Geldes scharf angreifen, bezeichnet Karl Marx als den „Fetischcharakter" des Geldes, das einen gottähnlichen Glanz vortäuscht. Es gaukelt dem Menschen vor, dass Geld von alleine Geld gebärt. „Machen Sie mehr aus Ihrem Geld", heißt es in einem Slogan, „lassen Sie das Geld für sich arbeiten". Im zinstragenden Geld wird nach Karl Marx der „Geldfetisch" vollendet. Das Geld wird zur gottähnlichen Macht.

Diese Macht hat auch Martin Luther im Auge, wenn er mit Bezug zum ersten Gebot sagt: „Woran du dein Herz hängst, da ist dein Gott."

Ein deutliches Symbol für die Verbindung von Geld und Religion ist die Ikonografie der Ein-Dollar-Note, der Währung, die heute – noch – als Weltgeld funktioniert. Im Mittelpunkt, genau über der Wertangabe „one", steht der Satz „In god we trust". Auf der linken Seite erscheint eine Pyramide mit dem alles sehenden Auge Gottes im Dreieck der Trinität: Vater, Sohn und Heiliger Geist. Darüber und darunter zwei lateinische Sprüche: „annuit coeptis" – „Er [Gott] begünstigt unsere Unternehmungen" und „novus ordo saeculorum" – „Eine neue Weltordnung". Auf der rechten Seite der Adler als Wappentier, darüber die 13 Sterne für die Gründerstaaten unter der schützenden göttlichen Wolke. Der Adler hält in der einen Klaue den Ölzweig (Frieden), in der anderen das Liktorenbündel (Gerichtsbarkeit). Beide Symbole weisen ikonografisch auf das Imperium Romanum und seine Reichsideologie zurück. So wie das Römische Reich den Anspruch hatte, die Welt zu beherrschen, so gilt dieser Anspruch auch für das US-amerikanische Imperium. Der Dollarschein sagt mit dieser Ikonografie: Dieses Geld ist Repräsentant für „God's own country". Der Glaube an dieses Geld steht unter göttlichem Schutz.

Das Geld, das in wirtschaftswissenschaftlichen Fachbüchern gern auf seine vermeintlich rationalen Funktionen hin betrachtet wird, weist in seiner Symbolik über sich hinaus auf seine Totalität, auf seine quasi göttliche Funktion als anbetungswürdiger Fetisch. Das kann auch ganz materialistisch gewendet sein, wie es der Spruch über einem Kirchenportal in Florida ausdrückt: „Some people think, God loves credit, but God loves cash."



Gott will nicht, dass man nicht Geld und Gut haben und nehmen soll, oder, wenn man's hat, wegwerfen solle, wie es etliche Narren unter den Philosophen und tolle Heilige unter den Christen gelehrt und getan haben.
– Martin Luther –

1

2

3

4

5



Das Geld steht an erster Stelle, Tugend kommt erst nach dem Fall.
Für viele Menschen ist das Geld eine Gottheit.
– Kaiser Hadrian über die Ägypter –

6

7

8

9

1 Christus, die Händler aus dem Tempel treibend, Rembrandt, 1635
2 Ein Geistlicher erhebt Steuern von Söldnern, Tournay, Frankreich, 14. Jh.
3 Judas erhält die Silberlinge, Barna da Siena, Italien, um 1350.
4 Geldwechsler und Juden, Guyart des Moulins, Frankreich, 1357
5 Reinigung des Tempels, Carl Bloch (´834-1890), Dänemark
6 Ein Frag an eynen Muentzer..., Joerg Breu d. Ä., um 1530
7 Titusbogen, Rom, Italien, 81 n. Chr
8 Der Heilige Petrus, Dom St. Peter, Rom, Vatikan
9 In god we trust, 1-Dollar-Note, USA



Geld ist den Menschen von Gott gegeben. Der Besitzer ist nur der Verwalter, der dem Herren Rechenschaft schuldet. Es hat keinen Nutzen, wenn es aufgehoben wird, es muss Frucht bringen, indem es an Notleidende verteilt wird.
– Basilius von Caesarea –

10 Ein hinduistischer Möch betet um Feuer, Indien
11 Buddhistische Mönche, Myanmar
12 Muslimisches Mädchen, Kosovo
13 Prozession katholischer Christen, Italien
14 Hinduistische Pilger und Mönche, Indien
15 Klingelbeutel bei katholischem Gottesdienst, Frankreich

Der weise und sittsame Mann strahlt wie das Feuer auf einem Berg.
Er macht Geld wie eine Biene, die die Blüte nicht zerstört.
(Singalavada-Sutta, buddhistisch)

12

13

14

15



Biegst du den Stab der Gerechtigkeit,
dann nicht unter dem Gewicht des Geldes, sondern unter dem der Gnade.
– Miguel de Cervantes –

*Silberfingerkraut*

**Herbarium Senckenbergianum (FR)**

**Potentilla argentea L.**

Kartierungsraster: /
Rechts-Hoch-Wert: 09° 57' 16,44" E/49° 47' 49,54" N (WGS).

Uli Röhm

# JUDAS-PFENNIG, HELLERKRAUT UND TALERBLUME

## Grünes Geld und Gold

**Judas-Pfennig, Talerblume und Tausendgüldenkraut – alles Beispiele für Blumen und Pflanzen, bei denen Münzen und Münzformen, Geld, Gold und Silber als Namensgeber fungieren. Sind die Bezeichnungen lediglich von der Farbe der Blüten, der Blätter oder der Früchte abgeleitet, oder handelt es sich gar um versteckte Hinweise auf besonders wertvolle Pflanzen?**

Beim Judas-Silberling oder Judas-Pfennig, dem Mondtaler, glänzen die kreisförmigen Scheidewände der Schoten wie Silbertaler. Lateinisch heißt die Pflanze *Lunaria annua*. Gemäß dem Matthäusevangelium war Jesus von Judas Ischariot in der Nacht für 30 Silberlinge verraten worden. Für den Volksmund lag es nahe, dass es sich bei dieser Nacht unbedingt um eine Mondnacht gehandelt haben musste. Und so wurde aus dem Mondtaler der Judas-Pfennig oder Judas-Silberling.

Eine andere Sage rankt sich um Blüten und Blätter. Danach bekam der Judas-Baum seinen Namen, weil Judas sich an einem solchen erhängt haben soll. Der Baum sei hierauf vor Scham rot angelaufen. Das zeige sich an den rosa Blüten. Die runden hellen Blätter, welche sich während der Blüte bilden, wurden als die Silberstücke gedeutet, die Judas als Lohn für seinen Verrat erhalten hatte.

**Ackerhellerkraut** – *Thlaspi arvense*

**Echte Goldrute** – *Solidago virgaurea*

**Echter Silberbaum** – *Leucadendron argenteum*

**Goldbambus** – *Phyllostachys aurea*

**Goldbartgras** – *Chrysopogon gryllus*

**Goldbecher** – *Sternbergia lutea*

**Goldblättrige Kastanie** – *Castanea mollissima*

**Golddistel** – *Carlina vulgaris*

**Goldenes Frauenhaar (Bürstenmoos)** – *Polytrichum commune*

**Golderbse** – *Pisum sativum*

**Goldfarbene Eibe** – *Taxus* sp.

**Goldfarbene Inkalilie** – *Alstroemeria aurantiaca*

**Goldflieder, Goldglöckchen** – *Forsythia x intermedia*

**Goldfruchtiger Efeu** – *Hedera poetica*

**Goldfuchsie** – *Fuchsia* sp.

**Goldgeädertes-Geißblatt** – *Lonicera tellmaniana*

**Goldgelbe Koralle** – *Ramaria aurea*

**Goldgelbe Schmetterlingsorchidee** – *Oncidium varicosum*

**Goldgelber Kugelamarant** – *Gomphrena aurantiaca*

**Goldgelber Zitterling** – *Tremella mesenterica*

**Goldgülterling (Apfelsorte)** – *Malus domestica*

**Goldhaar** – *Chrysocoma linosyris*

**Goldhafer** – *Trisetum flavescens*

**Goldjohannisbeere** – *Ribes aureum*

**Goldklee** – *Trifolium aureum*



Geldmangel ist die Wurzel allen Übels.
– George Bernard Shaw –

Judas-Pfennig
Pfennigkraut
Herb
Obe
Lysimachia nummula
Kr.Alsfeld,Liederb
7.7.1967
Herbarium von Karl Weimer

Beim Münzkraut oder Pfennigkraut ist das Aussehen der Blätter für die Namensgebung ausschlaggebend, denn die Blattformen ähneln kleinen Geldstücken. Auch der wissenschaftliche botanische Name *Lysimachia nummularia* verweist in der Artbezeichnung nummularia auf diese Ähnlichkeit: nummus ist die lateinische Bezeichnung für Münze. Ebenso wird bei beim Ackerhellerkraut oder der Münzblättrigen Kanonierblume die Ähnlichkeit der Blätter mit kleinen Geldstücken in den deutschen Namen aufgegriffen.

In der Regel finden sich Bezüge zu Gold und Silber, wenn die Blütenfarbe, die Farbe der Früchte oder der Blätter an die Edelmetalle erinnern. So bei Goldmohn, *Eschscholzia californica*. Häufig tauchen Goldbezüge aber auch in versteckter Form auf. Das ist bei der Orange der Fall, der *Citrus aurantium*. Hier ist das Gold im lateinischen Wort aurum verborgen.

Umgekehrt erlangten viele Pflanzen aber auch durch Deutungs- und Übersetzungsfehler im Zusammenhang mit Geld und Gold eine besondere Bedeutung. In einigen Fällen entstanden die Bezeichnungen durch Verwechslungen beim Übersetzen des griechischen oder lateinischen Namens. Ein Beispiel ist das Tausendgüldenkraut. Um die Herkunft dieses deutschen Pflanzennamens ranken sich verschiedene abenteuerliche Geschichten: Einerseits soll der lateinische Name *Centaurium* von lateinisch centum, auf Deutsch: hundert, und von aurum, im Deutschen: Gold, abgeleitet worden sein. Andererseits könnte der Pflanzenname auch aus der griechischen Mythologie von den Kentauren stammen, Mischwesen aus Mensch und Pferd. Der Sage zufolge wurde eine schwere Verletzung des Kentauren Chiron mit einem Enziangewächs geheilt. Das könne, so meinte man, nur das Tausendgüldenkraut gewesen sein. Daher der lateinische Name *Centaurium umbellatum.*

Für die Alchimisten des Mittelalters galt das gallenbitter schmeckende Gewächs als wertvolle Arzneipflanze. Damals glaubten die Menschen, was scheußlich schmecke, müsse viel

**Goldkugelkaktus** – *Echinocactus grusonii*

**Goldlack** – *Cheiranthus cheiri*

**Goldmelisse** – *Monarda didyma*

**Goldmilzkraut** – *Chrysosplenium alternifolium*

**Goldmohn** – *Eschscholzia californica*

**Goldmohr (Apfelsorte)** – *Malus domestica*

**Goldnessel** – *Lamium galeobdolon*

**Goldpapping (Apfelsorte)** – *Malus domestica*

**Goldparmäne (Apfelsorte)** – *Malus domestica*

**Goldpflaume** – *Spondias cytherea*

**Goldprimel** – *Vitaliana primuliflora*

**Goldregen** – *Laburnum anagyroides*

**Goldreinette (Apfelsorte)** – *Malus domestica*

**Goldröhrling (Pilz)** – *Suillus grevillei*

**Goldröschen** – *Kerria japonica*

**Goldscheckiger Spindelstrauch** – *Euonymus europaeus*

**Goldstachelige Rebutie (boliv. Kaktus)** – *Rebutia* sp.

**Goldstern Acker-Gelbstern** – *Gagea arvensis*

**Goldtäubling (Pilz)** – *Russula aurea*

**Goldtropfen, Sand-Lotwurz** – *Onosma arenaria*

**Goldwurzel** – *Scolymus hispanicus*

**Goldzeugapfel (Apfelsorte)** – *Malus domestica*

**Hellerkraut** – *Thlaspi* sp.

**Judas-Baum** – *Cercis siliquastrum*



Geld wächst nicht an Bäumen.
(Sprichwort)

*Silberpappel*

bewirken. Der lateinische Name der Pflanze war ihnen zwar bekannt, nicht aber die griechische Mythologie. Da die Alchimisten aber zu dieser Zeit bereits die Grundregeln der Werbung beherrschten, interpretierten sie den Namen auf ihre Weise neu, indem sie die lateinische Bezeichnung sehr frei ins Deutsche übertrugen: Sie hielten den ersten Teil des lateinischen Wortes fälschlicherweise für eine Kombination aus den beiden Silben cent und aurium und übersetzten deshalb die erste Silbe cent als centum oder hundert. Aus dem zweiten Wort aurum leiteten sie Gold ab. Um sich und ihre Kunst aufzuwerten und ihrer Arzneipflanze eine ganz besondere Bedeutung als Heilmittel anzudichten, vervielfachten sie dann einfach das Hundertgüldenkraut und machten kurzerhand ein Tausendgüldenkraut daraus.

Bis heute genießt deshalb das Tausendgüldenkraut ein hohes Ansehen als Heilkraut, obwohl es außer einigen magenstärkenden Bitterstoffen keine medizinisch wirksamen Inhaltsstoffe enthält. In manchen Gegenden wird es auch Gottesgnadenkraut oder Sanktorinkraut genannt. 2004 wurde es sogar zur Heilpflanze des Jahres gekürt.

Das Schöllkraut hingegen, eine Pflanze, die im Garten an schattigen Stellen und auf Schuttplätzen wächst, wird in der Volksmedizin wegen des Safts in ihren Stängeln geschätzt. Es ist zu vermuten, dass die Hexenmilch, der rotgoldfarbene Saft der Pflanze, der bei der Entfernung von Warzen eine große Rolle spielte, ihr im Volk den Namen Goldwurz eingetragen hat. Auch der lateinische Name des Goldwurz, *Chelidonium majus*, wurde falsch übersetzt, nämlich als coelum, der Himmel, und donum, das Geschenk. Wegen des goldgelben Pflanzensaftes war man der Meinung, es könne sich hier nur um ein Himmelsgeschenk handeln. Aufgrund dieser Fehlinterpretation wurde das Schöllkraut von den „Goldmachern“ des Mittelalters über lange Zeit bei der Suche nach dem „Stein der Weisen“ und zur Goldherstellung verwendet.

**Judasohr (Pilz)** – *Auricularia auricula-judae*

**Judas-Pfennig, Silbertaler** – *Lunaria annua*

**Münzblättrige Kanonierblume** – *Pilea nummulariifolia*

**Münzkraut, Pfennigkraut** – *Lysimachia nummularia*

**Silberbaumgewächse** – Proteaceae

**Silberdistel** – *Carlina acaulis*

**Silberfichte** – *Picea* sp.

**Silberfingerkraut** – *Potentilla argentea*

**Silbergras** – *Corynephorus canescens*

**Silberlinde** – *Tilia tomentosa*

**Silbermoos** – *Bryum argenteum*

**Silbernes Kopfgras** – *Sesleria argentea*

**Silberpappel** – *Populus alba*

**Silberscharte** – *Jurinea cyanoides*

**Silberweide** – *Salix alba*

**Silberwurz** – *Dryas octopetala*

**Silberzeder** – *Cedrus atlantica*

**Strandtausendgüldenkraut** – *Centaurium littorale*

**Talerblume, Margerite** – *Leucanthemum vulgare*

**Tausendgüldenkraut** – *Centaurium umbellatum*

**Waldgoldstern** – *Gagea lutea*

**Wiesengoldstern** – *Gagea pratensis*

Goldfarbene Inkalilie

Silberlinde

Silberweide

Goldrute

Goldglöckchen

G. stenopetala - Rchb.
Herbarium A. W. Peipers, Frankfurt a. M.
Gagea pratensis - Schult.
Flora
im April 1907, in Mtr. Meereshöhe,
auf
Seckbach
gesammelt von A. W. Peipers

*Goldstern*

*Talerblume*

75944
Oberhessen
Chrysanthemum leucanthemum L
ssp.triviale Gaudin var.pratense Hayek
f.breviradiatum Uechtr.
22.6.1973
leg.H.Hupke
det.A.Cohrs

Christian F. Hempelmann

# UMSONST LACHT MAN NIE

## Witze über Geld

Heirate nie um des Geldes willen! Du borgst es billiger!
(Schottisches Sprichwort)

**Im Witz wird über das gelacht, was uns wichtig und für unser Leben existenziell ist: Liebe, Tod, Gott und Geld. Geld ist universell und berechenbar, sein Wert abstrakt definiert. Und genau darin besteht die Parallele von Geld und Humor: Beide bringen ganz unterschiedliche Dinge auf einen Nenner. Daher ist es nicht verwunderlich, dass sich zahlreiche Witze den symbolischen Mechanismus „Geld" zunutze machen.**

Geldwitze lassen sich in bestimmte Gruppen unterteilen. So lachen wir gern über den alten Geizkragen, freuen uns mit dem Gerissenen und schütteln den Kopf über die unvermeidlichen Angeber. Schon die älteste bekannte Witzsammlung, der griechische „Philogelos" („Lachfreund"), kennt die Figur des einfältigen Knauserers: „Ein Geiziger setzte sein Testament auf und bestimmte sich selbst zum Erben."

---

Das moderne Bankensystem wurde bereits im frühen Mittelalter eingeführt und diente damals zur Finanzierung der Kreuzzüge. Erstmals konnte Geld über Landesgrenzen hinweg verliehen werden. Doch wie der neue Geldtransfer genau funktionierte, war vielen ein Rätsel und ist es auch heute. Wenn Menschen solch abstrakte Geldkonzepte nicht verstehen, sorgt dies für Verwirrung: eine Quelle für Witze.

Im 14. Jahrhundert bediente sich Geoffrey Chaucer in einer der zotigen Geschichten seiner „Canterbury Tales" so eines Witzes. In der Erzählung, die einem Schiffsherrn in den Mund gelegt wird, werden Geld, Schulden, komplizierte Kreditgeschäfte und Liebesdienste vergnüglich verquickt: „Ein Mönch besucht einen alten Freund – einen Kaufmann – und dessen lebenslustige Frau, die verschuldet ist. Der Mönch leiht ihr ohne das Wissen ihres Mannes 100 Franken, und sie bezahlt ihn dafür mit einem Liebesdienst. Was die Frau nicht weiß und der Mönch verschweigt: Er hat sich das Geld zuvor selbst von ihrem Mann, dem Kaufmann, geborgt. Als der Kaufmann später seine 100 Franken von dem Mönch zurückverlangt, erwidert der Gottesdiener, er habe das Geld bereits der Frau des Kaufmanns ausgehändigt. Der Kaufmann wendet sich also an seine Ehefrau. Doch diese erklärt ihm, sie habe angenommen, der Mönch habe damit nur seine Unterkunft bezahlen wollen, und sie habe das Geld bereits wieder ausgegeben. Sie sei aber bereit, ihrem Mann die Schuld im Bette zu begleichen!" Dass Liebesdienste auf einer anderen Art von Gegenseitigkeit beruhen und keineswegs übertragbar sind, nimmt die Geschichte in ihrer Witzlogik hin.

Geld ist so gesehen der gemeinsame Nenner für allerlei Werte. Geld lässt sich in praktisch jede Ware oder Dienstleistung umwandeln. Aus moralischen Gründen setzt unsere Gesellschaft der Käuflichkeit jedoch Grenzen. Humor nutzt genau diese Grenzfälle, setzt nicht Vergleichbares miteinander gleich und macht es quantifizierbar. So hat im Witz alles seinen Preis:

**Ein Mann fragt ein hübsches Mädchen:**
**„Würden Sie für eine Million mit einem wildfremden Mann schlafen?"**
**„Aber sicher, sofort!"**
**„Würden Sie für 15 Euro mit mir schlafen?"**
**„Wofür halten Sie mich denn?"**
**„Das haben wir ja schon geklärt, jetzt verhandeln wir nur noch über den Preis."**



It's only money.
(Sprichwort)

Die Verbindung von Geiz und Dummheit ist eines der zentralen Stereotype im Witz. Dem steht die Gerissenheit entgegen, mit der verschlagene Geizige agieren. In beiden Fällen ist es der falsche Umgang mit Geld, aus dem sich der Witz speist: zu viel oder zu wenig, nicht korrekt gerechnet, marktwirtschaftlich betrachtet eine Katastrophe!

Neben dem Geizigen stellt der Angeber eine beliebte Gestalt in Geldwitzen dar. Schon in der Antike sorgten Witze mit angeberischem Protagonisten für Heiterkeit:

**Ein Großmaul wollte auf dem Markt von den Umstehenden für den wohlhabenden Besitzer einer großen Herde gehalten werden. So fragte er seinen Sklaven, der gerade vom Lande gekommen war, mit lauter Stimme: „Was machen meine Schafe?" Dieser antwortete: „Das eine schläft, das andere steht."**

Die gerissene oder einfach ehrliche Antwort seines Sklaven entlarvt den Besitzer als Aufschneider, der lediglich zwei Schafe sein Eigen nennt. Zwar spricht er, grammatikalisch korrekt, von den beiden Tieren im Plural, eine große Herde besitzt der Prahler deshalb aber noch lange nicht.

Ein Witz funktioniert, wenn er zwei gegensätzliche Pole eines Themas spielerisch miteinander versöhnt. „Schafe" zum Beispiel können sowohl Armut als auch Reichtum bedeuten, je nachdem, wie viele Tiere sich hinter dem Plural verbergen.

---

Eine Scheinlogik, die Gegensätze überbrückt, ist die zweite, für Humor unabdingbare Komponente; sie lässt uns im Witz eigentlich Unvereinbares im Rahmen der Witzerzählung für vereinbar halten. Diese spezielle Logik des Witzes täuscht immer Plausibilität vor, um zwei verschiedene Dinge, etwa Geldverleih und Sex, scheinbar gleichsetzen zu können. Doch diese falsche Logik muss stets fein dosiert sein. Denn ist sie zu offensichtlich, so ist der Witz flach, und ist sie zu versteckt, verstehen wir den Witz als solchen einfach nicht. „In einem Vorstellungsgespräch fragt ein Mann gleich zu Beginn: ‚Wie viel verdiene ich denn so?' – Chef: ‚So ungefähr 500 Euro im Monat.' – Mann: ‚Das ist aber wenig.' – Chef: ‚Das wird aber später mehr!' – Mann: ‚Gut, dann komme ich später wieder!' "

Indem der Familienvater im Witz den Geldwert von „Fehltritten" als Ausgaben und Einnahmen miteinander verrechnet, setzt er ganz unterschiedliche Perspektiven gleich: „Ein Bankier sitzt in seinem Arbeitszimmer. Sein jüngster Sohn kommt herein: ‚Papa, ich hab ein Mädel in andere Umstände gebracht. Jetzt will sie 2.000 Euro haben!' Der Vater seufzt und stellt einen Scheck aus. Kurze Zeit später kommt der ältere Sohn: ‚Papa, ich hab ein Mädel in andere Umstände gebracht. Jetzt will sie 3.000 Euro haben!' Der Vater seufzt und stellt schweren Herzens einen Scheck aus. Kurze Zeit später kommt seine Tochter zu ihm. ‚Papa', schluchzt sie, ‚ich bin schwanger!' Er: ‚Großartig, Mädel, jetzt wird abgesahnt!' "

Gerade im Umgang mit Geld können logische Fehlschlüsse schnell unterlaufen: Sein Wert ist abstrakt, und nicht jedem liegt die Rechnerei, die mit Geld verbunden sein kann: „In der Bank hebt ein Mann 1.000 Euro in 50-Euro-Scheinen ab. Vorsichtshalber zählt er das Geld nach: ‚50-100-150-200-250 … .' Bei 500 hört er auf. ‚Warum zählen Sie denn nicht weiter?' fragt ihn der Kassierer. ‚Och', meint der Kunde, ‚wenn's bis dahin stimmt, dann ist der Rest sicher auch in Ordnung.' "

Alltagslogik ist auch hier wieder falsche Logik. Geld ist keine Ware, deren Qualität man stichprobenartig überprüfen kann.

Auch wenn nicht erteilte Bußgeldbescheide mit Guthaben verwechselt werden, hat die Logik einen „Knick in der Optik", so etwa in diesem Witz, der zugleich das Klischee einer spezifisch „weiblichen" Logik bedient: „ ‚Liebling', strahlt die Ehefrau, die vor Kurzem ihren Führerschein gemacht hat.



Mit dem Geld aus anderer Taschen ist leicht zu zahlen.
(Spanisches Sprichwort)

Ob man reich wird, hängt vom Schicksal ab, ob man Geld erwirbt, vom Fleiß.
(Japanisches Sprichwort)

…chen vom Sterntaler

Zeichnung: Helmut Hütter, Österreich

Um verlorenes Geld und Gut werden die aufrichtigsten Tränen geweint.
– Juvenal –

‚Ich habe beim Einkaufen zweimal im Halteverbot geparkt und keinen Strafzettel bekommen. Von dem so gesparten Geld habe ich mir dann gleich eine entzückende Bluse gekauft!‘ “

---

Geld ist ein Symbol, sowohl die Münzen oder Scheine selbst als auch der Wert, der darauf dargestellt wird. Mit den materiellen Gegenständen kann viel passieren, auf ihren symbolischen Wert hat das prinzipiell jedoch keinen Einfluss. Ein zerknitterter 10-Euro-Schein ist nicht nur 9 Euro wert, sondern immer noch 10. Mit einem schmutzigen Schein kann man noch genauso viel kaufen wie mit einem sauberen. In der Witzlogik jedoch kann der materielle Gegenstand Einfluss auf seinen symbolischen Wert haben, zumindest kurzfristig. Und wie der folgende Witz zeigt, ist auf dem Boden verstreutes Geld, das man erst mühsam aufsammeln muss, eben doch etwas weniger wert als auf dem Tisch liegendes. Die Retourkutsche wird hier zur Grube, in die der Rachsüchtige selbst hineinfällt.

**Kommt ein Mann in eine Kneipe und bestellt ein Bier. Als er zahlen will, sagt der Wirt: „2 Euro 60." Der Mann zählt 26 10-Cent-Münzen ab und schmeißt sie hinter die Theke. Der Wirt ist sauer, sammelt aber das Kleingeld ein und grummelt vor sich hin.**
**Am nächsten Tag kommt der Mann wieder und bestellt ein Bier. Als er zahlen will, sagt der Wirt: „2 Euro 60." Der Mann legt einen 5-Euro-Schein auf den Tisch. „Jetzt hab ich dich“, denkt der Wirt, zählt 24 10-Cent-Münzen ab und wirft sie dem Gast entgegen, worauf sich das Kleingeld im ganzen Lokal verteilt.**
**Der Mann überlegt kurz, legt dann 20 Cent auf den Tisch und sagt: „Noch ein Bier!"**

Symbole sind soziale Verträge. Sie funktionieren nur, wenn alle daran glauben. Erst dann wird ein geprägtes Metallstück oder ein bedrucktes Blatt Papier wirklich wertvoll, und auch ein einfacher Kontoauszug steht für bares Geld. Dass das nicht jedem immer bewusst ist, zeigt der folgende Witz-Klassiker:

**Eine alte Dame hebt am Bankschalter ihr ganzes Geld ab. Nach zehn Minuten kommt sie zurück und zahlt alles wieder ein. „Warum haben Sie denn das Geld überhaupt abgehoben?“ will der Kassierer wissen. „Man wird doch schließlich mal nachzählen dürfen!“**

---

Weltweit machen Gruppen von Menschen Witze über andere. In diesen Volksgruppenwitzen, in denen sich oft eine Mehrheit über eine Minderheit lustig macht, tauchen zwei Motive immer wieder auf: Dummheit und Verschlagenheit. Beide Verhaltensweisen können im Umgang mit Geld zu dessen Verlust führen.

Der Dumme lebt häufig am Rand bzw. jenseits der Grenze des Sprachgebiets, in dem über ihn Witze gemacht werden. Meist spricht er einen markanten Dialekt, so wie in Kanada die „Newfies“, die Neufundländer, oder in Frankreich die französischsprachigen Schweizer. In Deutschland lacht man gern über die Plattdeutsch redenden Ostfriesen.

Daneben macht man sich über die Gerissen-Verschlagenen lustig, die zumeist auch besonders geizig sind. Weltweit sind interessanterweise in Witzen Schotten und Juden die Geizigen. Speziell in Deutschland gelten darüber hinaus die Schwaben als besonders geizig: „Warum lassen sich die Schwaben nach dem Tod nur bis zum Bauch eingraben? – Damit sie ihr Grab selber pflegen können.“



Geld und Gewinn liegt jedem im Sinn.
(Deutsches Sprichwort)

Eine wichtige Frage ist natürlich, ob die Erzähler solcher Witze tatsächlich an die Dummheit und Verschlagenheit derjenigen glauben, über die sie die Witze machen. Obwohl uns dies in Zeiten der politischen Korrektheit eingeredet werden soll, lässt sich keine aus Witzen resultierende Aggression nachweisen. So gibt es eben zum Beispiel keine Aversionen gegen die Bewohner Schottlands, die zur globalen Verfolgung der geizigen Schotten geführt hätten. Dennoch lacht man weltweit über die geizigen Schotten, und nicht zuletzt auch die Schotten über sich selber.

---

Eine Ausnahme bildet hier sicherlich der Antisemitismus. Aber jüdischer Humor ist vor allem einmal Humor von Juden über Juden, der dann auch von Nichtjuden weitererzählt wird, allerdings nur im seltensten, unkomischen Ausnahmefall von Antisemiten. Im nachfolgenden typisch jüdischen Witz spielt der Geiz des Kunden zwar auch eine Rolle, wichtiger jedoch ist die gewitzte Antwort des Verkäufers. „Ein Jude verkauft einen Bleistift für einen Pfennig. Sein jüdischer Kunde sagt, das sei ihm zu teuer. Da sagt der Verkäufer: ‚Dann mach mir ein Angebot.‘ “

Der folgende Witz aus Amerika dagegen ist ein unspezifischer Geizwitz, nicht zwangsläufig muss das Paar „jüdisch“ sein. In Europa tritt in dem Witz meist ein Schweizer Ehepaar in einer Gletscherspalte auf. Wichtig ist hier vielmehr die doppelte Rolle des Roten Kreuzes als begrüßenswerte Retter und störende Spendensammler: „Nach einem Erdbeben ist ein älteres jüdisches Paar in seinem Keller verschüttet. Eine Rettungsmannschaft des Roten Kreuzes gräbt in den Ruinen, um die beiden zu retten; es trennt sie nur noch eine Mauer von den Eingeschlossenen. Ein Retter klopft mit seinem Hammer, um die bevorstehende Rettung zu signalisieren. Da ertönt es aus dem Keller: ‚Wer ist da?‘ ‚Das Rote Kreuz.‘ ‚Wir haben schon gespendet.‘ “

Während innerhalb der Schweiz die Basler oder Genfer in dem Ruf stehen, sehr geizig zu sein, werden in deutschen Witzen die alemannischen Geschwister der Schwaben aufs Korn genommen:

**Als der liebe Gott den Schweizer erschaffen hatte, war ihm dieser sogleich ans Herz gewachsen. Also fragte ihn der liebe Gott: „Mein lieber Schweizer, was kann ich noch für dich tun?“ Der Schweizer wünschte sich schöne Berge mit saftigen, grünen Wiesen und kristallklaren Gebirgsbächen. Gott erfüllte ihm diesen Wunsch und fragte wiederum: „Was willst du noch?“ Darauf der Schweizer: „Jetzt wünsche ich mir auf den Weiden gesunde, glückliche Kühe, die die beste Milch auf der ganzen Welt geben.“ Gott erfüllte ihm auch diesen Wunsch, und der Schweizer molk eine der Kühe und ließ Gott ein Glas von der wunderbaren guten Milch kosten. Und wieder fragte Gott: „Was willst du noch?“ – „2 Franken 50 für die Milch!“**

Dank der symbolischen Kraft des Geldes, des großen Gleichmachers, kann also im Witz ein undankbar-gerissener Alemanne sogar Gottesgeschenke mit einem Preis versehen.

---

Es verwundert nicht, dass Geld und Witze so gut zusammenpassen. Beide basieren auf dem Spiel mit Werten, im wirtschaftlichen und sprachlichen Sinne. Und zwei zentrale verlachenswerte Stereotype können im Umgang mit Geld ihren Niederschlag finden: Dummheit und verschlagener Geiz, als deren Repräsentanten dürfen im deutschen Witz Ostfriesen und Schwaben auftreten.



Wer Geld hat, ist ein Drache; wer keines hat, ein Wurm.
(Sprichwort)

DA SIEHT MAN'S WIEDER-GELD ALLEIN BRINGTS AUCH NICHT...

ICH GEB' EUCH DREI MINUTEN... DANN WILL ICH HIER 300 000 MARK SEH'N ... ABER ZACKZACK
UND KEINE TRICKS ICH HAB' 'NE WAFFE
MEINSTE DAS KLAPPT?
SICHER... HAST DU DEN ZETTEL MIT KONTONUMMER UND CODEWORT?
TOLL... TELEFONBANKING KANN SO EINFACH SEIN!
ALSO... HÖR'N SIE ZU...!

... EINEN SCHECK, DAMIT SIE NICHT SO SCHLEPPEN MÜSSEN? – ABER SELBSTVERSTÄNDLICH, – ÜBERHAUPT KEIN PROBLEM.

Geld! Geld! Geld!
Alle wollen immer nur mehr Geld!
Dabei gibt's doch nun wirklich noch genug andre schöne Dinge im Leben!
Aber die kosten halt Geld!

AU WEIA ... JETZT HABE ICH AUS VERSEHEN MEINE KRANKENKASSENKARTE EINGEFÜHRT
HÄMORRHOIDEN!

Uli Röhm

Wer das Geld vorher verzehrt, dessen Arbeit ist beschwert.
(Französisches Sprichwort)

So man der griechischen Sage von König Midas glauben will, lustwandelte einst der mächtige Weingott Dionysos entlang den rebenumrankten Höhen des Tmolosgebirges. Einer seiner Begleiter, Silenos, ein bockfüßiger greiser Zecher, stürzte bei diesem Spaziergang im Weinrausch ab. König Midas fand Silenos, nahm ihn bei sich auf und bewirtete ihn mit fröhlichen Gelagen zehn Tage und zehn Nächte lang. Am elften Tag brachte er ihn zu Dionysos zurück. Erfreut, seinen alten Genossen wiederzuhaben, versprach der Weingott dem König, ihm zum Dank jeden Wusch zu erfüllen. „Wenn ich wählen darf", sprach Midas „so schaffe, dass alles, was ich berühre, sich in glänzendes Gold verwandle."

Als Midas darauf einen grünen Zweig von einer Eiche brach, verwandelte dieser sich in Gold. Ein Stein, den er vom Boden aufhob, wurde zum funkelnden Goldklumpen. Reife Ähren, die er vom Halm abbrach, erntete er als Gold. Entzückt lief er in seinen Palast. Kaum berührte seine Hand die Pfosten der Tür, leuchteten diese wie Feuer. Seinem Diener befahl er, ein leckeres Mahl zuzubereiten, um seinen Reichtum zu feiern. Bald standen köstlicher Braten und weißes Brot auf dem Tisch. Ein Griff nach dem Brot, und es wurde zu steinhartem Metall; sobald er das Fleisch in den Mund steckte, klirrte ihm schimmerndes Gold zwischen den Zähnen.

Jetzt wurde ihm klar, was für ein schreckliches Gut er sich erbeten hatte. Er war so reich und doch so arm. Midas verwünschte seine Torheit, denn nicht einmal Hunger und Durst konnte er stillen. Er flehte Dionysos an, ihn wieder von dem Zauber zu befreien. Der erbarmte sich und schickte ihn zum Fluss Paktolos mit dem Rat: „Dort, wo das Wasser schäumend dem Felsen entsprudelt, tauche in die kühlen Fluten, dass der glänzende Firnis dich verlasse." Midas gehorchte dem göttlichen Befehl, und seine Untertanen fanden später im Sand dieses Flusses so viele Goldklümpchen, dass sie daraus Münzen mit dem königlichen Wappen, einem Löwenkopf, prägen ließen.

An dieser griechischen Sage ist – wie meistens bei Sagen – wahrscheinlich kein Fünkchen Wahrheit. Aber für alle, die daran glauben wollen, ist es eine wunderschöne Geschichte, die davon erzählt, wie Münzen entstanden sein könnten.



Geldgeschenke sind fantasielos. Vor allem kleine.
– Werner Nitsch –

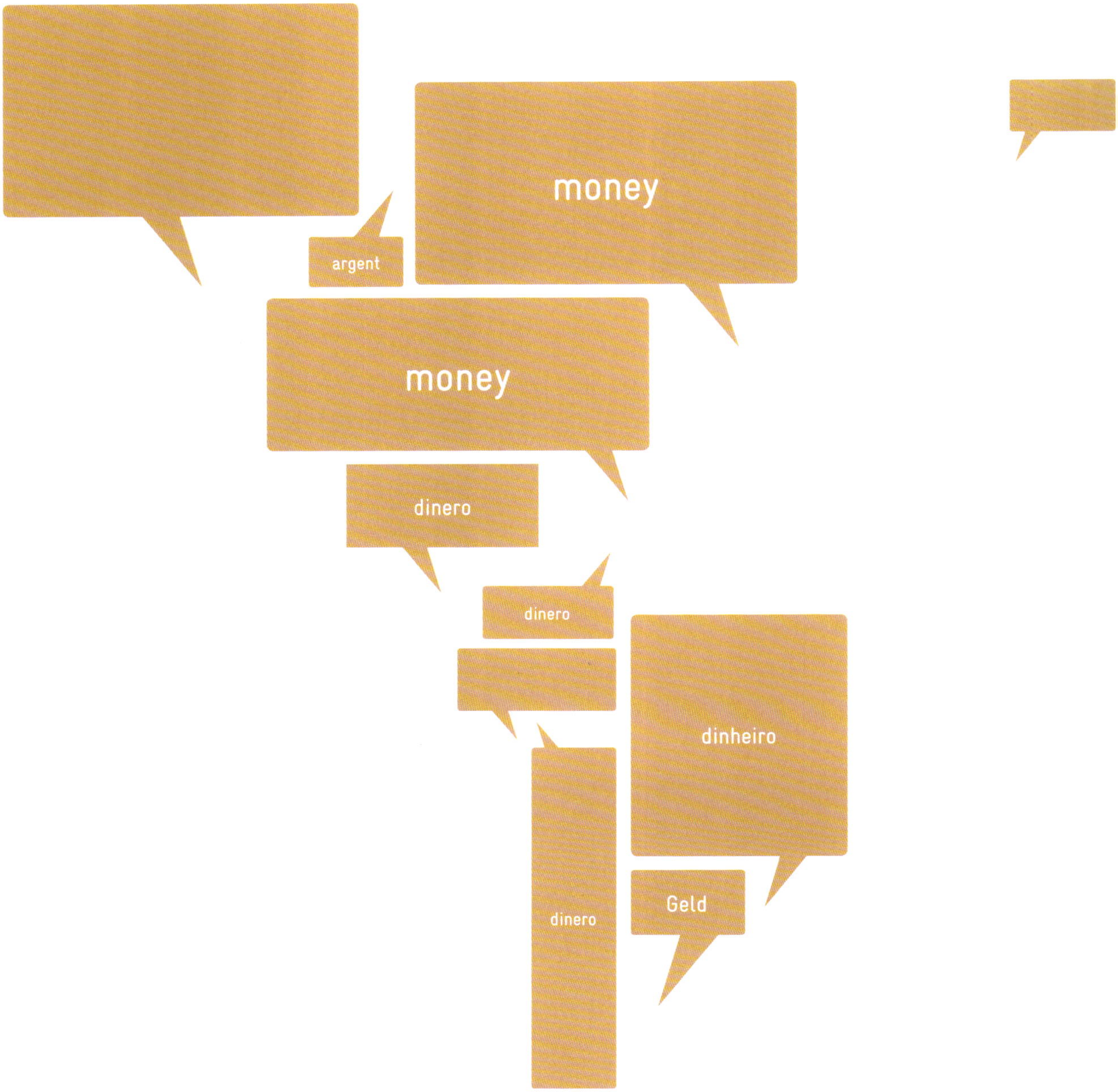




Das schwerste Gepäck für einen Reisenden ist eine leere Börse.
(Englisches Sprichwort)

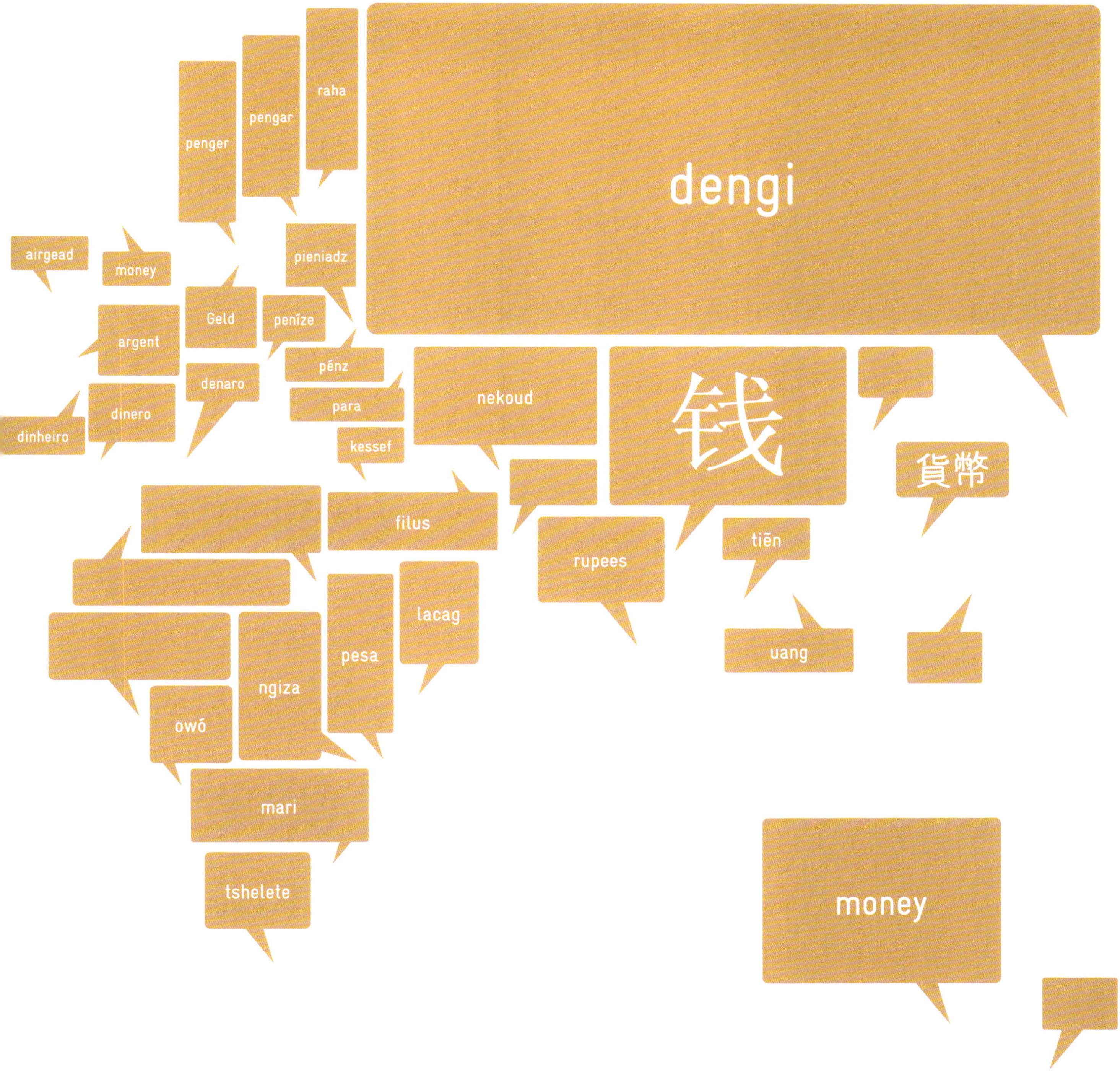




Mit Geld, Latein und einem guten Gaul kommt man durch ganz Europa.
(Sprichwort)

# DIE AUTOREN

**Tarik Ahmia** (geb. 1966) arbeitet als Redakteur im Ressort Wirtschaft und Umwelt bei der Tageszeitung „taz" in Berlin. Der Volkswirt studierte an der TU-Berlin und schloss ein zweites Studium im Fach Media Studies an der University of Sussex mit einem Magister ab. Seine journalistische Laufbahn begann der Deutsch-Algerier als Zeitschriftenredakteur beim IT-Verlag Markt & Technik in München. Der Vater von Zwillingen arbeitet seit vielen Jahren auch als Hörfunkjournalist und Autor für den Deutschlandfunk und das Deutschlandradio Kultur. Dort ist er ver.di-Sprecher der freien Mitarbeiter.

**Dirk Bathen** (geb. 1974) ist Soziologe im Trendbüro in Hamburg, einem Beratungsunternehmen für gesellschaftlichen Wandel, das Gesellschafts- und Konsumententrends identifiziert, analysiert und bewertet. Er beschäftigt sich mit dem Thema Sprachwandel und war Redaktionsleiter des „Neuen Wörterbuchs der Szenesprachen" (Dudenverlag).

**Angelika Buchholz** (geb. 1954) ist freie Wirtschaftsjournalistin. Nach einem Volontariat an der Georg-Holtzbrinck-Schule in Düsseldorf arbeitete sie als Redakteurin im Bankenressort der Zeitung „Handelsblatt" in Düsseldorf, als Korrespondentin der Zeitschrift „Wirtschaftswoche" in Frankfurt am Main und als für Banken zuständige Redakteurin im Wirtschaftsressort der „Süddeutschen Zeitung" in München. Sie schreibt über Wirtschaftsthemen, schwerpunktmäßig über Banken und Sparkassen, und lebt in Frankfurt am Main.

**Hartmut Futterlieb** (geb. 1941) stammt aus Frankfurt an der Oder und war Lehrer in Schleswig-Holstein. Von 1973 bis 1979 war er als Pädagoge im Studentenpfarramt Freiburg i. Br. tätig. Ab 1980 arbeitete er als Studienleiter im Pädagogisch-Theologischen Institut der Evangelischen Kirche von Kurhessen-Waldeck in Kassel. Zusammen mit Andreas Mertin veröffentlichte er im Verlag Vandenhoeck und Ruprecht das Buch „Religion und Werbung im Religionsunterricht". Er ist Autor zahlreicher Aufsätze zur sozialgeschichtlichen Bibel-Lektüre. Seit 2007 lebt und arbeitet er im Ruhestand in Bad Hersfeld.

**Peter Gillies** (geb. 1949), Bankkaufmann, Studium der Betriebswirtschaft in Berlin und Gießen, Promotion zum Dr. rer. pol., Wirtschaftsjournalist. Schrieb als Korrespondent für die Tageszeitung „DIE WELT" aus Hamburg, Bonn und Berlin. 1981 wurde er in die Chefredaktion der Zeitung berufen. Von 1985 bis 1995 Chefredakteur, davon sechs Jahre für „DIE WELT" in Bonn und Berlin. Seit 1995 schreibt er als freier Journalist und Autor für „DIE WELT" und „WELT am SONNTAG" sowie andere Medien. Lehrtätigkeit an Universitäten. Mehrere Buchveröffentlichungen mit dem Schwerpunkt Wirtschafts-, Sozial- und Ordnungspolitik. Er lebt in Meckenheim bei Bonn.

**Peter Gleber** (geb. 1965) baut als Wissenschaftlicher Leiter das Genossenschaftshistorische Informationszentrum (GIZ) der Volksbanken und Raiffeisenbanken auf. Davor war er wissenschaftlicher Mitarbeiter an der Universität Mannheim und am Zentralarchiv der Juden in Deutschland in Heidelberg sowie Leiter der KZ-Gedenkstätte Sandhofen in Mannheim. Als Historiker promovierte er über die pfälzische SPD und ist Mitglied in den wissenschaftlichen Beiräten des Instituts für Bankhistorische Forschung und der Arbeitsstelle für Genossenschaftsgeschichte der Universität Hamburg. Er lebt in Berlin.

**Norbert Greiner** (geb. 1948) ist Professor für Englische Literatur an der Universität Hamburg. Zuvor hatte er eine Professur an der Ruprecht-Karls-Universität Heidelberg inne und war von 1993–1997 Prorektor. Bis 2010 nimmt er eine Gastprofessur an der Universität Wien wahr, zuvor bekleidete er solche in Peking und Alexandrien. Er ist Mitglied der Europäischen Akademie der Wissenschaften und Künste und gehört dem Vorstand der Deutschen Shakespeare-Gesellschaft an. In zahlreichen Büchern und Artikeln setzte er seine Forschungsschwerpunkte im Drama und Theater der Shakespearezeit und im britischen Theater der Gegenwart sowie in der vergleichenden Theaterwissenschaft und der literarischen Übersetzung.

**Jürgen Harten** (geb. 1933) leitete von 1972 bis 1996 die Düsseldorfer Kunsthalle, war danach als Gründungsdirektor im Vorstand des museum kunst palast tätig und lebt seit 2003 in Berlin. Er hat bahnbrechende Ausstellungen u. a. von Gerhard Richter, Anselm Kiefer, Pollock/Siqueiros, Michail Wrubel und Caravaggio kuratiert und war im Auftrag der Berliner Festspiele als deutscher Hauptkurator für „Berlin-Moskau 1950–2000" verantwortlich. Zweimal, 1978 und 2000, organisierte er Ausstellungen zum Thema „Kunst und Geld". Harten ist Ehrenmitglied des Komitees für moderne Kunst (CIMAM) des International Council of Museums (ICOM).

**Christian F. Hempelmann** (geb. 1972) ist deutsch-amerikanischer Sprach- und Religionswissenschaftler. Er promovierte zu Klangähnlichkeit in der maschinellen Erzeugung von Kalauern und arbeitet derzeit an einer Monografie zu diesem Thema. Er leitet eine Forschungsgruppe für Computerlinguistik und künstliche Intelligenz bei der Firma RiverGlass Inc. in Champaign, Illinois, und ist außerordentlicher Professor an der Purdue University, Indiana. Seit 1995 widmet er sich der Humorforschung und verfasste bereits zahlreiche, zum Teil preisgekrönte Artikel, Vorträge und Buchbeiträge. Schwerpunkte sind visueller Humor, Religion und Humor sowie multidisziplinäre linguistisch-psychologische Projekte.

**Helmut Höge** (geb. 1947) arbeitete zunächst als Dolmetscher für die US Air Force und für einen indischen Großtierhändler, studierte dann Sozialwissenschaften in Berlin und Bremen und arbeitete danach als landwirtschaftlicher Betriebshelfer bei verschiedenen Bauern in der BRD, 1989/90 auch noch in einer LPG der DDR. Nebenbei war er publizistisch tätig für die „Frankfurter Rundschau", „Transatlantik", „Die Zeit", „taz" und „Freitag". Im Verlag Peter Engstler erschien 2002 eine Sammlung von Reiseberichten „Neurosibirsk", 2007 wurde die Aufsatzsammlung „WPP – Wölfe. Partisanen. Prostituierte" im Kadmos-Verlag publiziert.

**Volker H. Isenmann** (geb. 1956) arbeitet nach einem Publizistikstudium an der Johannes-Gutenberg-Universität Mainz als freier Journalist.

**Falk Jaeger** (geb. 1950) studierte in Braunschweig, Stuttgart und Tübingen Architektur und Kunstgeschichte, wurde an der TU Hannover promoviert und ist apl. Professor der TU Dresden, seit 1976 freier Architekturkritiker. Seit 1988 übernahm er Lehraufträge an verschiedenen Hochschulen, von 1993 an hatte er sieben Jahre den Lehrstuhl für Architekturtheorie an der TU Dresden inne. Er hat zahlreiche Bücher über Architektur und Denkmalpflege veröffentlicht und lebt heute als Dozent, Kurator und Fachjournalist in Berlin.

**Ursula Kampmann** (geb. 1964), Numismatikerin und Chefredakteurin der „MünzenRevue", gehört zu den bekanntesten populärwissenschaftlichen Autoren zum Thema „Münzen". Nach ihrer Promotion – natürlich im numismatischen Bereich – arbeitete sie lange Jahre im Münzhandel, bevor sie sich als Fachjournalistin selbstständig machte. Sie führte das Sekretariat zur Fälschungsbekämpfung der International Association of Professional Numismatists und gestaltete numismatische Ausstellungen in Berlin, Wien und Zürich. Ihre Artikel zu Münzen, Geschichte und Kulturgüterschutz sind in vielen deutschen und ausländischen Spezialzeitschriften zu finden. Ursula Kampmann lebt in Lörrach nahe Basel.

**Wolfhard Klein** (geb. 1949), Programmchef von SWR4 Rheinland-Pfalz. Der Hörfunkjournalist studierte Publizistik, Soziologie und Sport. Er arbeitete früher für Zeitungen und Zeitschriften wie „twen" und „konkret", aber auch für das Fernsehen. Heute ist er auch Autor von Krimis, Gedichten und Sachbüchern und lebt in Jugenheim in Rheinhessen.

**Fritz Rudolf Künker** (geb. 1949) machte nach einem Studium der Geschichtswissenschaften und der Romanistik seine Leidenschaft zum Beruf, indem er die gleichnamige Münzenhandlung in Osnabrück gründete. Die Freude an den Münzen vererbte ihm sein Großvater, der seinem Enkel Mitte der 50er-Jahre ein 1903 in Sachsen geprägtes Fünfmarkstück schenkte. Seitdem hat ihn die Faszination des geprägten Metalls nicht losgelassen. Heute ist die Firma Fritz Rudolf Künker eines der führenden europäischen Auktions- und Handelshäuser.

**Michael Kunzel** (geb. 1954), Dr. phil., Betriebswirt, Historiker und Numismatiker, betreut seit 1991 am Deutschen Historischen Museum in Berlin die numismatische Sammlung von Medaillen, Plaketten, Papiergeld und Wertpapieren. Er veröffentlichte seit 1978 zahlreiche Bücher und Aufsätze zur Medaillen-, Münz- und Geldgeschichte.

**Klaus Meyer-Steffens** (geb. 1952) ist ein internationaler Münzexperte für Verkaufsautomaten, Spielautomaten, Park- und Fahrscheinautomaten und Manager Internationaler Projekte beim Münzprüfgerätehersteller NRI (National Rejectors Inc.) Er ist Chairman der Coin Group des WVA Verbandes (World Vending Association) und Mitglied der Mint Directors Conference-Technical Committee. Der Spezialist für Münzprüfsysteme weltweit hat die Entwicklung der heutigen Euro-Münzen vom Beginn an begleitet. Er lebt in Fredenbeck/Deinste in Niedersachsen.

**Martin Mosebach** (geb. 1951) lebt in Frankfurt am Main und hat Romane, Gedichte, Libretti und



Das Geld ist mir lieb, wer mir's stiehlt, ist ein Dieb.
(Sprichwort)

Essays geschrieben. Seine erste Veröffentlichung war der Roman „Das Bett" (1983), seine bislang letzte „Stadt der wilden Hunde". Nachrichten aus dem alltäglichen Indien" (2009). 2007 erhielt er den Georg-Büchner-Preis der Deutschen Akademie für Sprache und Dichtung. Er ist Mitglied dieser Akademie sowie der Bayerischen Akademie der Schönen Künste und der Berlin-Brandenburger Akademie der Künste.

**Andreas Platthaus** (geb. 1966) ist Redakteur im Feuilleton der „Frankfurter Allgemeinen Zeitung" und dort verantwortlich für die Wochenendbeilage „Bilder und Zeiten". Seit 1983 engagiert er sich in der Deutschen Organisation Nichtkommerzieller Anhänger des lauteren Donaldismus (D.O.N.A.L.D.), die ihn 1992 zur Präsidente, 1995 zur Ehrenpräsidente und 2007 zum Ehrenmitglied wählte. Von ihm stammen zahlreiche Aufsätze und Bücher zur Geschichte des Comics, darunter 1998 „Im Comic vereint" und 2008 „Die 101 wichtigsten Fragen: Comics und Manga". Im Herbst 2009 erschien sein erster Roman „Freispiel". Er lebt in Leipzig und Frankfurt am Main.

**Uli Röhm** (geb. 1945) Fernsehjournalist und Wirtschaftsredakteur bei WISO im ZDF ist einer der Gründungsredakteure des erfolgreichsten Wirtschaftsmagazins im deutschen Fernsehen. Zuvor war er Referent bei der Arbeitsgemeinschaft der Verbraucher (AgV) in Bonn, Pressesprecher im Bundesministerium für Jugend, Familie und Gesundheit (BMJFG) und Leiter der Pressestelle beim Hauptvorstand der Gewerkschaft Öffentliche Dienste, Transport und Verkehr (ÖTV) in Stuttgart. Er schreibt als Buchautor regelmäßig über Wirtschaftskriminalität und Verbraucherthemen, hat zahlreiche Ratgeberbücher veröffentlicht und moderiert wirtschafts- und sozialpolitische Tagungen. Er lebt in Jugenheim in Rheinhessen.

**Christopher Röricht** (geb. 1967), Leiter Marketing und Produktmanagement der NSM-Löwen Entertainment GmbH in Bingen am Rhein.

**Kay Schmitt** (geb. 1965) stammt aus Brücken/Pfalz, aufgewachsen in den 70er- und 80er-Jahren, als Schlager kein selbstverständlicher Teil musikalischer Sozialisation waren. Seitdem beschäftigt er sich mit der Geschichte und den Inhalten des deutschen Schlagers. Studium der Publizistik, Germanistik und Romanistik in Mainz und Pavia/Italien. Seit 1999 Musikredakteur beim Hörfunksender SWR4 Rheinland-Pfalz in Mainz.

**Sebastian Steinbach** (geb. 1978) studierte Mittelalterliche Geschichte, Ältere deutsche Literatur und Soziologie an der Humboldt-Universität zu Berlin. Nach zweijähriger Lehrtätigkeit promovierte er 2007 an der Universität Paderborn mit einer Arbeit zur Münzprägung der mittelalterlichen Klöster. Seit 2006 ist er Mitarbeiter des Auktionshauses Fritz Rudolf Künker in Osnabrück und dort insbesondere für den Bereich Mittelalternumismatik verantwortlich.

**Rolf Verres** (geb. 1948) ist Facharzt für psychotherapeutische Medizin, Professor und Diplom-Psychologe sowie Ärztlicher Direktor des Instituts für Medizinische Psychologie der Universität Heidelberg. Als Wissenschaftler und Arzt befasst er sich derzeit besonders mit Drogenforschung und speziell mit der Entstehung und Prävention abhängigen Verhaltens. Er war Vizepräsident des Europäischen Collegiums für Bewusstseinsstudien und hat viele Publikationen über Grenzerfahrungen und Lebenskunst verfasst. Er lebt in Wilhelmsfeld bei Heidelberg.

**Inga Wermuth** (geb. 1971), Dipl.-Designerin, ist Inhaberin der Agentur Satelliten Media Design, Hamburg und Gründerin des prämierten Marketing-Rechercheportals Slogans.de, die Datenbank der Werbung. Sie befasst sich seit über 15 Jahren mit dem Aufbau von Marken und der Erforschung von Sprach- und Medientrends.

**Sabine Wienker-Piepho** (geb. 1946) promovierte nach dem Studium der Geschichte, Germanistik, Politologie und Amerikanistik an der Universität Freiburg im Zweitstudium Volkskunde als Erzählforscherin über weibliche Volkshelden. Ihr Schwerpunkt ist die volkskundliche Narratologie (Märchen, Sage, Lied, Schwank, Sprichwort und Witz). Sie habilitierte sich in Göttingen mit einer Arbeit zur Schriftkompetenz. Seitdem hat sie Lehrstühle in Augsburg und Bayreuth vertreten und an der Ludwig-Maximilians-Universität in München das Institut für deutsche und vergleichende Volkskunde geleitet. An den Universitäten in Jyväskylä (Finnland), Minsk (Weißrussland), Tartu (Estland) hatte sie Gastprofessuren inne. Heute lehrt sie in Jena.



Ein Mann ohne Geld ist mir lieber als Geld ohne einen Mann.
– Themistokles, bei der Wahl eines Schwiegersohnes –

# BILDNACHWEIS

**006** contrasto/laif
**010** Chris Hellier/Corbis
**011** Holmes/Corbis
**013** Stiftung Deutsches Historisches Museum
**012** Craig Holmes/Corbis
**013** Stiftung Deutsches Historisches Museum
**014** Gregor Schuster/Corbis
**015** Stiftung Deutsches Historisches Museum
**016** Gregor Lengler/laif
**017** Stiftung Deutsches Historisches Museum
**018** Bridgeman/Gettyimages
**020–023** Herlinde Koelbl
**024–031** Stiftung Deutsches Historisches Museum, Münzkabinett der Staatlichen Museen Berlin/ Preußischer Kulturbesitz
**032–041** The Walt Disney Company (Germany) GmbH (5)
**042** Jan-Peter Kasper/Picture-alliance/dpa
**044** Claudia Esch-Kenkel/picture-alliance/dpa
**049** Nowosti/Ullstein Bild
**050** Lieberenz/Ullstein Bild
**053** Dietmar Stiplovsek/picture-alliance/dpa
**056** AKG Images, Ullstein Bild, TV Yesterday
**058–059** AKG Images
**060–061** AKG Images, Ullstein Bild, Stiftung Deutsches Historisches Museum Berlin
**062–065** Stiftung Deutsches Historisches Museum Berlin
**066–074** Falschgeldstelle der Deutschen Bundesbank
**075** Illustration Isabel Kreitz
**076–077** DEFD/Deutscher Fernsehdienst
**078** AP Associated Press
**081** picture-alliance/dpa
**082** AKG Images
**084–085** AKG Images
**086–087** AKG Images
**088** AKG Images
**089** AKG Images, Ullstein Bild
**090** DDP
**098** AKG Images
**099** Mario Vedder/DDP
**100–103 EZB Europäische Zentralbank**
**104** NSM-Löwen Entertainment GmbH, Fotografie M. Zentsch
**105** Sammlung Gauselmann, Deutsches Automatenmuseum
**106–113** NSM-Löwen Entertainment GmbH, Fotografie M. Zentsch
**114–117** National Rejectors Inc GmbH
**118** Wolfgang Kampz
**120** Peter Thomann
**123** Wolfgang Kampz
**124–132** AKG Images
**133** Saint Louis Art Museum, Museum Purchase
**134** Boltin Picture Library/The Bridgeman Art Library
**135** AKG Images
**136** Wadsworth Atheneum Museum of Art, Hartford
**137** Les Illusions de la Réalité, Le Trompe L'œil, von Miriam Milman, Editions Skira, 2.Aufl. 1994, Droits de reproductions réservés A.D.A.G.P., S.P.A.D.E.M. et Cosmopress, Genève
**138** Private Collection/The Bridgeman Art Library
**139** Jeff Koons LLC
**140** AKG Images
**141** AFP/Gettyimages
**142** Corbis
**152** Rolf Verres
**157–163** Stiftung GIZ Genossenschaftshistorisches Informationszentrum, Bundesverband der Deutschen Volksbanken und Raiffeisenbanken, Alexander Ehhalt
**164–165** Deutscher Sparkassen- und Giroverband, Sparklassenhistorisches Dokumentationszentrum
**167** AKG Images
**169–177** Stiftung Deutsches Historisches Museum, Gemeinnützige Stiftung für historische, deutschsprachige Aktien der Familie Walter Martius an der Stiftung Deutsches Historisches Museum
**184–185** Michael Wicander
**186–187** David Sundberg/Esto
**188** Lars Halbauer/picture-alliance/dpa
**189** Ezra Stoller/Esto
**190** Ezra Stoller/Esto
**191** Ezra Stoller/Esto
**192** Norman McGrath/Esto
**193** Deutsche Bank
**194–195** Julia Jungfer/ARTUR IMAGES
**196–197** Samuel Zuder/laif
**202** AKG Images (4), Gettyimages
**203** AKG Images (2), age-fotostock/LOOK-foto
**204** Corbis, Raffaele Celentano/laif
**205** Georgi Licovski/epa/Corbis, Mimmo Jodice/ Corbis, Thomas Dorn/laif, Pascal Deloche/ picture-alliance/dpa
**206–215** Herbarium Senckenbergianum (FR), Abteilung Botanik und molekulare Evolutionsforschung, Senckenberg Forschungsinstitut und Naturmuseum Frankfurt/Main
**216** Dieko
**219** Hans Biedermann, Ulrich Kieser, Erik Liebermann, Gerhard Mester, Thomas Plaßmann
**220** Helmut Hütter, Ulrich Kieser, Gerhard Mester (3)
**223** Erik Liebermann, Reinhard Löffler, Erich Rauschenbach, Micha Strahl, Jan Tomaschoff
**224** Bettmann/Corbis



Geld gewinnen und halten können, ist gleich Kunst.
(Dänisches Sprichwort)

Herausgeber und Verlag danken besonders: Gregor Böhmer, Hans Otto Eglau, Michael Jungblut, Judith Köhler, Monika Kokoska, Rüdiger Masson, Rosi Röhm, Nana Lena Röhm, Katrin Schacke, Swantje Strieder, Wilfried Voigt, Volker Weinmann, Gisbert Wegener und den Mitarbeitern der Falschgeldstelle der Deutschen Bundesbank und des Landeskriminalamts Rheinland-Pfalz

**HERAUSGEBER** Uli Röhm
**LEKTORAT** Sabine Bayerl
**BILDREDAKTION** Judith Schüller
**GESTALTUNG** Heine/Lenz/Zizka, Frankfurt/Berlin
**HERSTELLUNG** Edition Braus Berlin Heidelberg GmbH

ISBN 978-3-89466-297-4


**BIBLIOGRAFISCHE INFORMATION DER DEUTSCHEN NATIONAL-BIBLIOTHEK** Die Deutsche Nationalbibliothek verzeichnet diese Publikation in der Deutschen Nationalbibliografie; detaillierte bibliografische Daten sind im Internet über http://dnb.d-nb.de abrufbar.

Edition Braus Berlin Heidelberg GmbH
Friedrich-Ebert-Anlage 20
69117 Heidelberg
www.editionbraus.de



Wer das Geld liebt, wird nie genug davon haben.
– Salomo –